| 广西青年学者文库 |

中国商业银行操作风险度量研究
——基于损失分布的视角

Study on Operational Risk Measurement of
Chinese Commercial Banks
——Based on the Perspective of Loss Distribution

吴 俊/著

中国财经出版传媒集团
经济科学出版社
Economic Science Press

图书在版编目（CIP）数据

中国商业银行操作风险度量研究：基于损失分布的视角/吴俊著.—北京：经济科学出版社，2020.7
（广西青年学者文库）
ISBN 978-7-5218-1759-1

Ⅰ.①中… Ⅱ.①吴… Ⅲ.①商业银行-银行风险-风险分析-中国 Ⅳ.①F832.33

中国版本图书馆 CIP 数据核字（2020）第 137844 号

责任编辑：张　燕
责任校对：王苗苗
责任印制：邱　天

中国商业银行操作风险度量研究
——基于损失分布的视角
吴　俊　著
经济科学出版社出版、发行　新华书店经销
社址：北京市海淀区阜成路甲 28 号　邮编：100142
总编部电话：010-88191217　发行部电话：010-88191522
网址：www.esp.com.cn
电子邮件：esp@esp.com.cn
天猫网店：经济科学出版社旗舰店
网址：http://jjkxcbs.tmall.com
固安华明印业有限公司印装
710×1000　16 开　10 印张　180000 字
2020 年 9 月第 1 版　2020 年 9 月第 1 次印刷
ISBN 978-7-5218-1759-1　定价：49.00 元
(图书出现印装问题，本社负责调换。电话：010-88191510)
(版权所有　侵权必究　打击盗版　举报热线：010-88191661
QQ：2242791300　营销中心电话：010-88191537
电子邮箱：dbts@esp.com.cn)

前　言

在巴塞尔新资本协议（Basel Ⅲ）中，有三种方法度量操作风险，分别为基本指标法、标准法和高级计量方法，其中高级计量方法度量操作风险需要研究操作风险损失分布。随着 Basel Ⅲ 的推出，新的资本监管要求高级计量方法有新的突破，各银行所采用的方法能确实地反映本银行操作风险相关特征。从操作风险的全球监管来看，因巴塞尔成员国之间金融进程存在差异较大，故成员国操作风险监管实施缺乏一致性。发达国家对操作风险监管起步早于发展中国家，且监管体系日趋完善，而发展中国家操作风险监管刚起步。欧美研究机构及学者对操作风险损失呈厚尾部特征已成共识，且在实践中，操作风险分布用得最多的是泊松分布，其次是负的贝奴里分布。然而，在发展中国家，监管部门及学者对操作风险的监管与度量的研究仍处于较低层次阶段，相应的研究有待提高。目前，国内关于操作风险损失分布的系统性研究成果比较少，本书基于中国商业银行操作风险损失数据拟合并诊断了其损失分布，并依据该分布度量了中国商业银行操作风险损失。

基于中国商业银行 1994～2020 年 6 月的操作风险损失数据，通过对操作风险损失分布的检验及利用贝叶斯蒙特卡洛模拟（MCMC）频率方法进行了分析，其结果证实了中国商业银行操作风险损失分布近似服从广义极值分布（GEV）。从理论上看，在某种情况下，广义帕累托分布（GPD）可转化为广义极值分布（GEV），因此检验了中国商业银行操作风险损失分布是否也服从于 GPD。为了检验中国商业银行操作风险损失分布是否可用 GEV 或 GPD，我们采用极大似然估计法对 GEV 和 GPD 分布的位置参数、尺度参数、形态参数进行了估计并对中国商业银行操作风险的 GEV 和 GPD 分布模型进行了诊断。结果表明，中国商业银行操作风险损失的概率、分位数图、重现水平曲线、密度曲线的四个诊断图都支持操作风险损失分布可用 GEV 和 GPD 分布表示。

实证研究表明,中国商业银行操作风险损失分布可用 GPD 表示。在 GPD 分布的条件下,一般可用阈顶点(POT)模型度量风险损失,因此我们应用 POT 模型度量了中国商业银行操作风险损失。对中国商业银行操作风险损失额的估计结果显示,在 0.95 的概率下,中国商业银行操作风险每年的损失额大约为 11438340 万元;在 0.99 的概率下,中国商业银行操作风险每年的损失额大约为 36329939 万元。

基于操作风险损失的发生来源于业务线,本书建立了业务线中风险因子与操作风险损失发生的因果关系图,并依此建立操作风险控制的贝叶斯网络模型。以银行在线业务为例,应用贝叶斯网络模型模拟了业务线中风险因子与操作风险损失之间可能出现的因果概率,并进行了相应的情景分析和敏感度分析。依据贝叶斯网络模型,本书分析了三种情形下的因果关系,并分别计算了相应情形下的操作风险损失发生的条件概率及相应的资本金额。敏感度分析表明,系统应用程序失败、黑客攻击、交易密钥管理、病毒攻击对操作风险损失比较敏感,而防火墙对操作风险损失的敏感度不高。

吴 俊

2020 年 7 月

目 录

第一章 导论 …………………………………………………………… 1
    第一节 选题背景与研究意义 ………………………………………… 1
    第二节 文献综述 ……………………………………………………… 7
    第三节 结构安排 ……………………………………………………… 19
    第四节 可能的创新之处 ……………………………………………… 20

第二章 从 Basel Ⅱ 到 Basel Ⅲ：操作风险的演进与变迁 ………… 22
    第一节 操作风险的认识与地位变化 ………………………………… 22
    第二节 操作风险与世界金融危机 …………………………………… 26
    第三节 从 Basel Ⅱ 到 Basel Ⅲ：操作风险的演进 ………………… 28
    第四节 本章小结 ……………………………………………………… 34

第三章 主要国家（地区）操作风险监管比较 ……………………… 35
    第一节 Basel Ⅲ 下操作风险监管 …………………………………… 35
    第二节 欧洲操作风险监管经验与俄罗斯实践 ……………………… 37
    第三节 美国操作风险监管实践 ……………………………………… 48
    第四节 亚太地区操作风险监管实践 ………………………………… 49
    第五节 本章小结 ……………………………………………………… 52

第四章 中国商业银行操作风险损失分布 …………………………… 53
    第一节 中国银行业操作风险损失：特征及形成原因 ……………… 53
    第二节 中国商业银行操作风险损失分布：贝叶斯 MCMC 频率理论
           模型 …………………………………………………………… 59

第三节　中国商业银行操作风险损失分布：贝叶斯 MCMC 频率实证分析 …………………………………………………… 63

第四节　本章小结 …………………………………………… 68

第五章　中国商业银行操作风险损失分布的拟合与诊断
　　　　——基于极值理论的实证分析 ………………………… 69

第一节　引言 ………………………………………………… 69

第二节　极值理论 …………………………………………… 71

第三节　中国商业银行操作风险损失 GEV 诊断与参数估计 …… 78

第四节　中国商业银行操作风险损失 GPD 分布诊断 ………… 83

第五节　本章小结 …………………………………………… 86

第六章　中国商业银行操作风险度量：基于 POT 模型 ………… 88

第一节　文献回顾 …………………………………………… 88

第二节　POT 模型 …………………………………………… 90

第三节　POT 模型的度量结果 ……………………………… 95

第四节　本章小结 …………………………………………… 98

第七章　中国商业银行操作风险控制：操作风险控制设计 …… 100

第一节　中国商业银行操作风险管理 ……………………… 100

第二节　中国商业银行操作风险管理设计机理 …………… 105

第三节　中国商业银行操作风险控制：贝叶斯网络的应用 …… 110

第四节　本章小结 …………………………………………… 119

第八章　结论和前瞻 …………………………………………… 120

第一节　主要结论 …………………………………………… 120

第二节　未来主要关注方向 ………………………………… 124

附录一　银行在线业务中的相关因子的先验概率分布 ………… 138

附录二　银行在线业务的各种情形风险 ………………………… 141

参考文献 ………………………………………………………… 147

第一章 导 论

第一节 选题背景与研究意义

一、选题背景

伴随着金融工具的不断革新，金融衍生品的功能不断放大，而相应的监管制度更新步伐远远落后于金融工具的更新节奏，致使金融衍生品的风险敞口暴露。从表面来看，2007 年次贷危机由利率上升而导致美国房地产的破灭所引起，按此逻辑我们可以把危机的元凶归咎于美联储的责任，抑或是美国房地产市场的脆弱面。这样的推理逻辑只能使我们忽视了金融危机的真正元凶，即金融衍生品——次级抵押贷款证券化的放大与金融监管存在"真空地盘"的矛盾。金融危机的爆发，迫使监管当局在发展金融衍生品的同时必须提升金融监管的力度，次贷危机亟须新的金融监管体系，因此巴塞尔新资本协议（Basel Ⅲ）适时而生。

Basel Ⅲ旨在为更加安全的金融系统保驾护航。2010 年 9 月 15 日，卡鲁纳（Jaime Caruana，2010）在巴塞尔新资本协议发表演讲中指出，Basel Ⅲ向着更加安全的金融系统迈进。自 2010 年 7 月以来，巴塞尔委员会已达成的关于资本和流动性的全部修订文件均构成 Basel Ⅲ的内容。实施 Basel Ⅲ将会达到以下四个方面的内容：（1）增加银行合格资本；（2）增加资本金水平；（3）减少系统性风险；（4）给予充分时间向新制度过渡。

资本要求的提高表现在以下几个方面：普通资产最低资本由2%提高到Basel Ⅲ下的4.5%；第一支柱资本最低资本由4%提高到Basel Ⅲ下的6%，同时Basel Ⅲ下规定了资本金必须达到8.5%；Basel Ⅲ下总资本最低要求必须达到10.5%。Basel Ⅱ与Basel Ⅲ资本协议的比较如表1-1所示。

表1-1　　　　　　　　Basel Ⅱ与Basel Ⅲ资本要求的比较

	资本要求							额外极度宏观审慎	
	普通资产			第一支柱资本		总资本		对冲循环保护资本	对SIFIs的额外吸收能力
	最低	保守资本	要求	最低	要求	最低	要求	范围	
Basel Ⅱ	2			4		8			
备注	在新定义下相当于国际活跃银行平均值的大约1%			在新定义下相当于国际活跃银行平均值的大约2%					
Basel Ⅲ	4.5	2.5	7.0	6	8.5	8	10.5	0~2.5	存在SIFIs资本的额外费用？

资料来源：Jaime Caruana. Basel Ⅲ: Towards a Safer Financial System [EB/OL]. http://www.bis.org.

实施Basel Ⅲ可以减少系统性风险，但由于人为因素或系统漏洞等因素所引起的风险（操作风险）并没有得到很好的解决。为了加强对操作风险的管理和监管，巴塞尔委员会在2010年12月给出了两个征询文：操作风险管理和监管的稳健性措施（BIS，2010a）、操作风险高级计算方法的监管原则（BIS，2010b）。在操作风险管理和监管方面，巴塞尔委员会早于2003年就给出了一个明确的框架，即明确了对产业及监管者的原则，并在Basel Ⅱ（2006）中预料到银行稳健措施将持续深化。由于银行及监管者对操作风险损失数据练习、数据收集、建立模型等方面开展实践，银行及监管者对操作风险的认识、知识等方面都有了较好的拓宽。操作风险管理和监管的稳健性措施（BIS，2010a）增强了反映在银行中对操作风险稳健性管理的措施，其着重强调了三个方面的作用，即监管、风险管理环境和信息披露的作用。

在操作风险高级计量方法方面，Basel Ⅱ规定比较宽松，而 Basel Ⅲ 对高级计量方法使用原则有了框架性的规定。在 Basel Ⅱ 框架（International Convergence of Capital Measurement and Capital Standards: A Revised Framework）下，银行只要能说明可以捕捉到各个业务线上的预计损失，银行可以仅以此操作风险损失计算未预计到的损失。可见，在度量和处理预计损失方面，Basel Ⅱ 允许银行灵活地运用高级计量方法（AMA），并且放宽了损失数据的收集和未来预计的准确性。而 Basel Ⅲ 框架下操作风险度量及监管既能体现灵活性，又能强调监管的有效性。操作风险高级计算方法的监管原则（BIS，2010b；BIS，2017）一方面使银行更灵活地开发操作风险测量和管理系统，另一方面强调了银行操作风险策略应该反映所有操作风险计算系统中的自然和原始的操作风险元素，包括以经验为背景的可预测的元素。可见，Basel Ⅲ 对高级计量方法在管理、损失数据及建立模型等方面有了明确的规定。

由于金融安全的需要，发达国家对操作风险的监管已由 Basel Ⅱ 要求向 Basel Ⅲ 迈进。而在中国，金融机构对操作风险的监管已积累了一定的经验。但中国国情决定了巴塞尔新资本协议（Basel Ⅲ）出台至引入中国到实施该协议必然需要经历较长的过渡期。从 1988 年 Basel Ⅰ 到 2010 年的 Basel Ⅲ 已历经 22 年，彼时中国商业银行[①]还未全面实施 Basel Ⅱ，仍然停留在 1988 年的巴塞尔协议（Basel Ⅰ）层面上。自 2011 年 4 月中国银监会颁布《关于中国银行业实施新监管标准的指导意见》的 44 号文以来，中国银行业拉开了 Basel Ⅲ 实施的大幕。中国银监会分别于 2012 年、2014 年和 2017 年审议通过了《商业银行资本管理办法（试行）》《商业银行杠杆率管理办法（修订）》《商业银行流动性风险管理办法》，分别对新监管标准的实施细则给出了详细阐述。

中国商业银行推延实施 Basel Ⅲ 既是中国商业银行制度与监管体制的矛

[①] 中国银行业金融机构主要有 3 家政策性银行（国家开发银行、中国进出口银行、中国农业银行）、6 家国有大型商业银行、12 家股份制商业银行、4 家金融资产管理公司、138 家城市商业银行、1 家住房储蓄银行、18 家民营银行以及其他各类型金融机构共计 4607 家。资料来源：中国银行保险监督管理委员会．中国银行业金融机构法人名单（截至 2019 年 12 月底）．http://www.cbirc.gov.cn/cn/view/pages/ItemDetail.html?docId=894966&itemId=863&generaltype=1.

盾，同时也是监管内部体制与制度失衡的矛盾。中国商业银行制度与监管体制的矛盾表现为商业银行不断地推出新的金融衍生品与监管当局实施资本监管力度的矛盾。监管内部体制与制度失衡的矛盾表现在监管部门体制较健全与监管制度滞后的矛盾。以上双矛盾决定了中国商业银行风险暴露头寸增多。在不考虑市场风险和信用风险的情况下，操作风险一项就对商业银行带来不小的冲击。1994～2020年6月底，中国商业银行操作风险损失额共计1828.75亿元，其中2002年操作风险损失额最大达751.88亿元。2001～2005年是中国商业银行操作风险损失高峰期，在这五年中，中国商业银行操作风险损失额达1097.83亿元，占1994～2020年6月底总额的60.03%。

由于操作风险所带来的巨大损失，中国商业银行与中国银监会已经意识到了管理操作风险的重要性。为了减少操作风险损失，中国银监会发布了一系列有关加强操作风险管理的通知和相关规范性文件。2005年3月，中国银监会发布了《关于加大防范操作风险工作力度的通知》，在该文件中，银监会针对银行机构对操作分析的识别与控制能力不能适应业务发展的问题，提出了13条指导意见。但这13条指导意见只是基本的管理框架，缺乏对具体内容的实际管理方法。为了加强对商业银行操作风险的深入管理，2007年5月，中国银监会颁布了《商业银行操作风险管理指引》，该文件较系统地阐述了对操作风险的具体管理内容。文件包括4章31条，明确界定了商业银行操作风险的定义；阐述了风险管理体系的要素，董事会、高级管理层、操作风险管理部门及相关部门的主要职责，操作风险管理政策，操作风险管理方法，商业银行对操作风险管理的措施及监管制度，银监会对商业银行操作风险管理进行监督的职责等。为了进一步完善商业银行对操作风险资本计量和规范商业银行操作风险计量高级方法的验证，银监会于2008年和2009年分别出台了《商业银行操作风险监管资本计量指引》和《商业银行资本计量高级方法验证指引》两项措施，同时，银监会强调了商业银行应根据《商业银行操作风险监管资本计量指引》和《商业银行操作风险管理指引》的相关要求，对操作风险高级计量模型及支持体系进行验证，证明高级计量模型能够充分反映低频高损事件的风险，审慎计量操作风险的监管资本。2015年6月5日，银监会发布了《关于加强银行业金融机构内控管理有效防范柜面业务操作风险的通知》（以下简称《通知》）。该《通知》共20条，分别从制度顶层设计、重点环节防控、客户服务管理、危机处置以及加强监管等方面提出了具体要求。

综上所述，尽管中国银监会和商业银行实施相应的措施以减少操作风险损失，中国商业银行对操作风险的管理已取得一定经验，但仍有完善空间。与国外相比，中国银监会、商业银行及国内学术研究在操作风险监管、管理及计量方法方面的探索与国外银行及学术研究存在较大差距。国外银行操作风险监管已由Basel Ⅱ资本监管要求向Basel Ⅲ资本监管要求转变，学术界已开展了较为复杂的、更高级的操作风险度量模型（Embrechts，2018）。随着2011年中国银监会陆续公布有关操作风险监管要求后，中国操作风险监管存在Basel Ⅱ和Basel Ⅲ并存的格局（巴曙松，2012）。在操作风险学术研究上，我国学者及研究机构对操作风险的学术研究处于探索与尝试阶段，该阶段，大多数学者是借鉴国外学者及研究机构对操作风险的研究方法。

二、研究的意义

与其他风险相比，操作风险具有低频率、高损失的特征，风险主要来源于人为和系统漏洞两大因素。在中国经济转轨时期，中国金融监管当局及银行本身对操作风险管理不重视，人为因素对中国商业银行操作风险损失的影响较大，突出表现为：银行内部人员利用职务之便所进行的欺诈、银行内部人员与银行外部人员勾结的欺诈、银行外部人员伪造单据等进行的欺诈。尽管中国银行保险监督管理委员会对操作风险管理提出了相应的措施，但中国的国情决定了内部欺诈和外部欺诈仍在未来一段时期内是中国商业银行的主要风险因素。鉴于中国制度及中国金融监管当局对操作风险管理的理念，作者试图从以下四个方面对研究问题进行思考。

（1）在中国商业银行操作风险损失数据缺失的情况下如何度量商业银行操作风险？

中国商业银行操作风险损失数据不对外公布，只有新闻媒体会报道一些零散的消息，因此用对不完整数据代替真实数据进行估计往往会出现偏差。为了克服度量商业银行操作风险的误差，我们试图通过贝叶斯方法来修正由于数据缺失所带来的偏差。

（2）中国商业银行操作风险损失是否服从厚尾部分布的特征？

新巴塞尔资本协议、中国银保监会对操作风险计量模型方面明确指出，操作风险具有低频率高损失，且呈厚尾部分布的特征。笔者试图对所收集的商业银行操作风险损失数据分布进行测试，并利用贝叶斯蒙特卡洛模拟（MCMC）频率分析对上述结果进行检验。

（3）中国商业银行操作风险控制过程如何设计？

对中国商业银行操作风险损失类型的分析，我们发现内部欺诈和外部欺诈是导致现阶段操作风险损失频发的主要类型。可见，人为因素是导致中国商业银行操作风险损失的主要原因。因此，笔者试图通过对操作风险发生过程中的策略、过程、部门及环境等方面加强管理，减少操作风险损失对商业银行的影响。

基于业务线中操作风险发生的过程、部门和环境，我们设计了操作风险监管框架，并以银行在线业务为例，建立操作风险发生的因果关系模型，即贝叶斯网络模型。贝叶斯网络模型可判别在某一风险因子发生的情况下，推断操作风险损失的概率分布，并计算相应的风险资本金要求。

（4）中国商业银行操作风险控制的资本金要求水平如何？

操作风险的管理最终必须落实到商业银行必须拥有多少资本金以抵御潜在的操作风险损失。一般来说，商业银行操作风险资本金充足率越高，商业银行抵御操作风险能力越强。但商业银行操作风险的资本金充足率过高，易导致资金分配不合理问题。通过贝叶斯网络模型，可计算在不同业务部门、不同风险因子的变化引起操作风险损失的概率，银行可基于以上原理计算相应的风险资本金要求。

在巴塞尔新资本协议框架（Basel Ⅲ）下对中国商业银行操作风险的度量和控制的研究具有重要的现实意义。表现在以下三个方面。

（1）根据Basel Ⅲ框架的要求加强对操作风险评估、度量与管理，可提升商业银行操作风险全面管理水平。

从中国商业银行操作风险来源来看，中国商业银行操作风险主要来源于商业银行对操作风险管理制度的薄弱、操作风险管理理念的落后、业务发展维度与监管维度的脱节。立足中国国情，结合中国商业银行业务发展要求，根据巴塞尔新资本协议（Basel Ⅲ）要求，探索适合中国商业银行对操作风险管理的框架，并基于该框架，提升商业银行操作风险管理全面管理水平。

（2）基于贝叶斯理论，利用蒙特卡洛模拟、贝叶斯网络对操作风险度量和管理方面进行深度分析。

基于中国商业银行操作风险损失数据的缺失，笔者通过模拟方法，利用模拟数据对操作风险进行度量，已达到减少估计值与真实值的偏差，提高度量操作风险的准确性。同时，提高操作风险度量准确性，有助于提高对操作风险管理的可靠性。

（3）基于人为因素对中国商业银行操作风险损失的影响，设计了对操作风险管理的机制。

在中国经济转轨时期，人为因素（内部欺诈和外部欺诈）是中国商业银行操作风险的最大诱因。鉴于此，笔者根据通过对操作风险控制的策略、过程、部门与环境的设计，以减少人为因素所导致的操作风险损失。

依据操作风险管理的机制，可建立中国商业银行操作风险控制的网络模型。分析因果事件，较好的工具仍为贝叶斯网络模型，该模型能很好地捕捉业务线中各种风险对操作风险损失的影响。本书通过建立银行在线业务的贝叶斯网络模型，分析了在线业务的不同风险因子的"突变"导致银行操作风险损失的情形。

第二节 文献综述

一、国外有关文献综述

从1998年，巴塞尔委员会开始征询操作风险，至2001年，操作风险正式定稿，从此Basel Ⅱ框架中加入了新的成员，即操作风险正式成为继市场风险、信用风险之后的第三大风险。学者、研究机构基于Basel Ⅱ框架，对操作风险的度量、管理等方面进行了大量的研究。2007年金融危机后，巴塞尔委员会对Basel Ⅱ框架进行了相应的修正，即有了巴塞尔新资本协议（Basel Ⅲ），在Basel Ⅲ框架下，对操作风险度量、管理等原则进行了相关的修订。Basel Ⅲ就是操作风险的度量及监管的理论基础和监管指南。纵观国外对操作风险研究的文献,其源于 Basel Ⅲ 对操作风险的相关规定,并由操作风险度量的三种方法拓展至从在险价值(VaR)、极值理论(EVT)、贝叶斯及贝叶斯网络、卡普拉(Copula)等模型度量操作风险。在操作风险监管及控制上,依据 Basel Ⅲ 的要求,研究方向由分配操作风险最低资本金向加强对操作风险业务线各环节风险的控制研究转变。对国外有关操作风险研究的文献可归结为以下方面。

(一) Basel Ⅲ下操作风险度量理论及监管框架

1. Basel Ⅲ下操作风险度量理论

Basel Ⅲ中介绍了操作风险测量的三种方法,即基本指标法、标准法和高级法。

(1)基本指标法:

$$K_{BIA} = GI \times \alpha$$

其中,K_{BIA}为基本指标法下的操作风险资本要求;GI 为前三年银行总收入的平均值;α 为对总收入提取固定比率,一般取值为15%。

(2)标准法:

$$K_{TSA} = \sum (GI_{1-8} \times \beta_{1-8})$$

其中,K_{TSA}为标准法下的操作风险资本要求;GI_{1-8}为每一种业务类型的前三年银行总收入的平均值;业务类型被分为公司金融、交易和销售等八种类型;对每一种类型都界定收入和提取比例(见表1-2)。

表1-2　　　　　　　　业务类型及 β 值提取比率

业务部门	β 值
公司财务（β_1）	18%
交易与销售（β_2）	18%
零售银行业务（β_3）	12%
商业银行业务（β_4）	15%
支付与清算（β_5）	18%

续表

业务部门	β 值
代理服务（β_6）	15%
资产管理（β_7）	12%
零售经纪（β_8）	12%

资料来源：BIS（2006）. International Convergence of Capital Measurement and Capital Standards：A Revised Framework Comprehensive Version ［EB/OL］. www. bis. org.

（3）高级法：包括内部模型法、记分卡法和损失分布法，其中，内部模型法的计算方法为：

$$K_{IMA} = \sum_i \sum_j \gamma_{ij} EL_{ij} = \sum_i \sum_j \gamma_{ij} \times EI_{ij} \times PE_{ij} \times LGE_{ij}$$

其中，i 为银行的八大类业务类型；j 为操作风险的七大类事故类型；γ 为将预期损失转换成资本要求的转换因子；EL 为操作风险的预期损失；EI 为操作风险的损失风险暴露；PE 为损失事件发生的概率；LGE 为给定事件概率下每个损失事件的平均损失比例率。可以明显地看出，所谓 AMA 法计算操作风险所要求的资本配置，是在新巴塞尔标准法的基础之上，依据操作风险的不同类型，结合银行业务类型进行的线性加权细化模型。

2. Basel Ⅲ下操作风险监管框架

对操作风险管理除了规定最低资本金外，巴塞尔委员会还制定了第二支柱（监督检查）和第三支柱原则（市场纪律）。Basel Ⅲ中的监督检查不仅要保证银行有充足的资本来应对业务中所有的风险，而且还鼓励银行开发并利用更好的风险管理技术来监测和管理风险。同时，监督检查程序明确了银行管理层在开发内部资本评估程序和设定资本目标中的责任，资本目标必须符合本银行的风险轮廓和控制环境。新协议强调了银行管理层在满足最低资本要求的基础上，还负责拥有充足的资本，以应对所面临的风险。

第三支柱——市场纪律，是对最低资本要求和监督检查的补充。巴塞尔委员会通过建立一套披露要求以达到促进市场纪律的目的，披露要求将便于市场参与者评价有关适用范围、资本、风险、风险评估程序以及资本充足率的重要信息。有关对操作风险的披露如表 1-3 所示。

表1-3　　　　　　　　操作风险定性披露与定量披露

定性披露	（a）	除总体披露要求外，银行认为合格的操作风险资本评估方法
	（b）	简述银行采用的 AMA，以及银行测量方法中考虑的相关内部因素和外部因素。如果部分使用 AMA，采用的各种方法的范围和覆盖范围
定量披露	（c）	使用 AMA 法的银行，使用保险前、后的操作风险资本要求

资料来源：BIS. Consultative Document：Sound Practices for the Management and Supervision of Operational Risk［EB/OL］. www.bis.org.

2007年金融危机后，巴塞尔委员会在2010年12月就操作风险给出了两个征询文：操作风险管理和监管的稳健性措施（BIS，2010a）、操作风险高级计算方法的监管原则（BIS，2010b；BIS，2017）。2010年12月巴塞尔委员会发布的操作风险管理和监管的稳健性措施（以下简称2010版）是对2003版的修订，2010版比2003版更强调操作风险管理的严谨性，同时认为操作风险管理应该依据行业有效的实践和监管经验。2010版主要强调了三个方面的作用，即监管、风险管理环境和信息披露的作用。而2017版则是对2010版的进一步修正。

（二）操作风险度量的几种方法

在Basel Ⅲ下，研究机构、学者从不同角度、不同方法探讨操作风险度量，以达到对操作风险评估和监测的目的。总的来说，操作风险度量方法演化可分为两个方面：一是有关操作风险最低资本要求；二是有关操作风险度量模型的建立。

1. 操作风险最低资本要求

在Basel Ⅲ有关操作风险最低资本要求的框架下，学者们提出了其他方法来测算操作风险最低资本要求，而单边损失近似方法（single-loss approximate）和情景分析法是诸多方法中比较有代表性的方法。

根据巴塞尔委员会提出的三种方法固然可计算操作风险最低资本要求，如安盖拉凯和奥尔泰纳努（Anghelache & Olteanu，2008）的工作，但德根（Degen，2010）的研究表明，目前使用数学工具计算操作风险最低资本要求可能会面临一些问题，如果采用单边损失近似方法可估计操作风险最低资本要求，且该方法准确性较高。德根（Degen，2010）利用解析框架对单边损失方法结果的准确性进行了验证,结果表明单边损失近似方法提高了估计的准确性。同样,杜塔和巴贝尔(Dutta & Babbel,2010)对情景分析方法的拓展为计算操作风险损失准备金提供了较好的方法。杜塔和巴贝尔(2010)研究表明,检验了改良后的情景分析方法可用于众多环境下,如估算操作风险资本、压力测试等。为检测改良后的情景分析方法的可靠性,杜塔和巴贝尔(2010)应用银行内部损失数据,用改良后的情景分析法计算了操作风险所需资本金。结果表明,改良后的情景分析方法也可较好地计算操作风险所需资本金要求。

2. 操作风险损失分布

一致认为,操作风险损失呈厚尾部特征,但对于厚尾部特征的操作风险损失分布的度量尚无统一标准。目前对于操作风险损失分布所用的方法众多,如数值方法、极值理论、贝叶斯理论等。舍甫琴科(Shevchenko,2010)研究表明,数值方法可以计算总的损失分布,如蒙特卡洛、潘尼尔(Panjer)递归、傅里叶转换(Fourier transformation)方法。

3. 操作风险度量模型

根据已有文献的整理,操作风险度量模型主要有:情景分析模型、极值理论模型(EVT model)、贝叶斯模型(Bayes model)、稳健性模型(robust model)、高级操作风险计量模型(advanced operational risk model),以及与 Copula 相结合的相关模型。

(1)在险价值(VaR)模型。在金融领域,VaR 已成为度量风险的常用词。由于 VaR 对风险较敏感,Basel Ⅰ中用 VaR 测算市场风险和信用风险资本要求。在 Basel Ⅱ中,VaR 方法可用于度量操作风险。2007 年次贷危机的发生使科尔曼(Coleman,2010)产生对 VaR 方法的质疑。在次级抵押贷款向证券化转变过程中,VaR 却未捕捉到风险的扩大,科尔曼甚至提出了 VaR 方法的无用论。科尔曼根据 Basel Ⅲ有关操作风险高级计量方法,利用 Fitch OpVar 数据库比较了广义极值分布(GEV)和广义帕累托分布(GPD)对操作风险损失分布的模拟情况,科尔曼认为,在样本数据较小的情况下,高级计量方法的缺陷在于无法准确地用操作风险损失数据建立模型以获得操作风险损失数据的厚尾部特征。

(2)EVT 模型。至 1941 年格涅坚科(Gnedenko)极值理论及 1958 年耿贝尔（Gumbel）《极值统计》出版以来，工程学界用大量理论考虑关于极值理论计算在实践中的问题。保险业已广泛地应用 EVT 模型建立意外保险赔偿条款模型。因此，研究人员试图探究 EVT 模型能否应用于操作风险方面。高拉姆博什（Galambos，1994）给出了 EVT 理论及应用的说明，而对 EVT 给予最详细说明的是恩布雷希茨（Embrechts，1997）。其他有关 EVT 理论和实证检验的文章有：史密斯（Smith，1987，1997），麦克尼尔和萨拉丁（McNeil & Saladin，1997）。梅多瓦（Medova，1999）介绍了极值理论以及用何种方法提高操作风险管理。

EVT 理论描述：假设 $X = (X_1, \cdots, X_n)$ 分布函数为 F，且独立同分布，样本极大值表示为 $M_n = \max(X_1, \cdots, X_n)$。一般地，在给定 $H_\xi(x)$ 下，GEV（generalized extreme value distribtution）描述了标准极值极限分布。随机变量 X 可以被 $\dfrac{X-\mu}{\sigma}$ 代替，从而获得标准的广义极值分布，μ、σ、ξ 分别为偏离原点距离、分布形状数值、分布形状参数。

$$H_{\xi,\mu,\sigma}(x) = \exp\left[-\left(1+\xi\frac{x-\mu}{\sigma}\right)^{\frac{-1}{\xi}}\right] \quad 如果\ \xi \neq 0, 1+\xi\frac{x-\mu}{\sigma} > 0$$

$$H_{\xi,\mu,\sigma}(x) = \exp\left[-\exp\left(-\frac{x-\mu}{\sigma}\right)\right] \quad 如果\ \xi = 0$$

根据 ξ 取值范围，可得三个分布模型：Gumbel 分布，Λ，$\xi = 0$；弗雷歇（Fréchet）分布，Ψα，$\xi = -\alpha^{-1} < 0$；韦布尔（Weibull）分布，Φα，$\xi = \alpha^{-1} > 0$。尾部估计的目的是为了获得变量 X 落在已知数据范围外的数值。为了估计变量 X 落在已知数据范围外的数值，研究人员同时采用极值事件和超过特定值的方法。皮坎达斯（Pickands，1975）的研究表明，广义帕累托分布（generalized Pareto distribution——GPD）$Y_i = \max\{X-u, 0\}$ 超过显著高的阈值 u 的极限分布提供了估计 F 分布函数的尾部固定 ξ 和 β 值。Y 可以认为是给定 X > u 条件下 X 的条件分布。GPD 分布函数可以形状参数 ξ 及 β 表示，即：

$$G_{\xi,\beta}(y) = 1 - \left(1+\xi\frac{y}{\beta}\right)^{-1/\xi} \quad 如果\ \xi \neq 0$$

$$G_{\xi,\beta}(y) = 1 - \exp\left(\frac{y}{\beta}\right) \quad 如果\ \xi = 0$$

$$y \in [0, \infty] \quad \text{如果 } \xi \geqslant 0; y \in \left[0, -\frac{\beta}{\xi}\right] \quad \text{如果 } \xi < 0$$

在 $\xi > 0$ 情况下,变量 X 的 F 分布函数的尾部分布像 $x^{-1/\xi}$ 函数,在这种情况下,F 属于厚尾部分布函数族,包括帕累托(Pareto)分布、对数伽玛(gamma)分布、柯西(Cauchy)分布和 t 分布。当 $\xi = 0$ 时,F 分布函数的尾部呈递减的指数,在这种情况下,分布函数属于对称尾部分布族,包括正态分布、对数正态分布等。最后,在 $\xi < 0$ 时,F 分布函数特征表现为右边有效点,这种情况下,分布函数属于短尾分布。

依据 EVT 理论,可建立阈顶点(peaks over threshold,POT)模型度量操作风险。阈顶点(POT)模型可用估计超过阈值 u 的分布,并可以估计原分布的尾部形状。在 POT 模型中,定义二维变量(Y_n, N_u),$X_n \geqslant u$, $n = 1, \cdots, N_u$。Y_n 和 N_u 为独立随机变量,$Y_n \sim GPD(\xi, b)$,超过 N_u 的数服从泊松分布,密度为 λ。样本过程给定为 $\lambda = \left(1 + \xi \frac{x-\mu}{\sigma}\right)^{-1/\xi}$,其中 $x \geqslant u$。

德莫林等(Demoulin, Embrechts and Nešlehová, 2005)从概率与统计角度对操作风险进行了定量分析,在操作风险损失信息不充分情况下,借助高级 POT 模型方法,构建了操作风险损失过程的依附关系及建立了风险测量的边界。通过对高级 POT 模型的探讨,德莫林等认为,上述方法可以应用于风险管理领域。

在极值理论中,由于操作风险损失是厚尾部分布,操作风险损失的频率和严重性分布的参数可能取决于协变量,故可以通过协变量的方法对操作风险损失进行度量(Demoulin et al., 2015; Embrechts et al., 2018)。

(3)基于贝叶斯模型。近些年来,数学理论广泛地应用于各学科,贝叶斯理论也不例外,如今在金融等领域到处可见贝叶斯理论的应用。早在 1994 年,伯纳多和史密斯(Bernardo and Smith)详尽地介绍了贝叶斯理论,并阐述了如何用马尔科夫链蒙特卡洛(Markov Chain Monte Carlo,MCMC)方法在贝叶斯模型中得到解析解。梅多娃(Medova, 2007)引进了 MCMC 方法,并给出如何用 MCMC 方法估计贝叶斯分类体系模型的相互依赖极值事件操作风险。

基于广义贝塔第二类(GB2)分布和 g-and-h 分布,彼得斯和西森(Peters & Sisson, 2006) 用贝叶斯理论中的四种方法度量操作风险。彼得斯和西森建立了以 GB2 (Generalized Beta distribution of the 2nd) 和 g-and-h 分布的贝叶斯模型,并应用蒙特卡洛模拟 (annealed MCMC)、序列蒙特卡洛 (sequential Mote Carlo, SMC) 和近似贝叶斯计算 (approximate Bayesian computation, ABC) 方法检验了以上两个模型。总的来看,四种方法对两模型的检验效果较好。

(4) 基于贝叶斯网络模型。贝叶斯网络兼具数量统计推断理论和描述变量之间的因果关系的功能可以度量难以预测因果关系的事件,因此贝叶斯网络模型在操作风险中被广泛应用。考威尔 (Cowell et al., 2007) 以银行在线业务为例,用贝叶斯网络模型分析了在线业务中不同风险因子的变化对操作风险损失影响的概率分布,并计算了相应的操作风险准备额。尼尔等 (Neil et al., 2008) 以 IT 部门为例,用贝叶斯网络模型分析了 IT 部门从数据中心到客户等一系列过程中风险因子变化导致操作风险可能发生的情形,并用 VaR 方法度量了风险。此外,尼尔等 (Neil et al., 2005) 用贝叶斯网络模型分析了操作风险损失分布的情形,并且认为贝叶斯网络模型可满足 Basel Ⅱ 对高级度量方法的要求。

(5) 基于卡普拉 (Copula) 模型。Copula 理论在风险管理的应用方面提供了有用且有效的方法。恩布雷希茨 (Embrechts, 2009) 在对 Copula 的回顾中提到,以 Copula 为基础的模型设计以迅雷不及掩耳之势进入金融和保险领域的方方面面。恩布雷希茨试图回答为何会出现这种情况。通过对 Copula 理论的兴起、最新发展,并从应用的角度回顾了 Copula 理论,并对该理论将来的发展进行了评述。

在实践中,Copula 理论在应用上往往会出现新的方法和与其他方法相结合的使用。瓦尔等 (Valle et al., 2006) 采用基于 Copula 理论的新方法建立了在多元框架分析损失数据的模型。根据以上模型,瓦尔等 (Valle et al., 2005) 认为,在小样本数据下,对操作风险来源的各业务线分析,泊松分布易于在小样本下估算,且 Copula 函数能模拟结构性的风险事件,因此 Copula 函数允许减少风险测度的资本要求。然而,模拟不同事件类型/业务线的操作风险对操作分析定量风险带来了挑战。贝克尔 (Böcker, 2008, 2010) 引进了莱维过程卡普拉 (Lévy Copulas) 概念建立结构性的操作风险损失事件模型。Copula 理论与 VaR 相结合应用的比较成功的属于恩布雷希茨等（Embrechts et al.，2003）的研究。恩布雷希茨等的研究表明，Copula 理论在相关风险函数分布区间上，可进行拓展性的研究。该研究的拓展使得 Copula 理论与 VaR 方法相结合度量风险，且度量效果较好。Copula 理论的优点在于可多维度分析问题，范扎尼（Fantzaaini，2006、2009）引用动态 Copula 理论度量高维度资本组合，从而获得资本组合的风险价值。

随着操作风险度量方法的演进，对操作风险的度量不只局限于 Copula，而是通过将 Copula 与蒙特卡洛（Monte Carlo）方法结合，建立操作风险度量模型（Vukovic，2015）。

（三）操作风险控制方法

对操作风险控制可参照 Basel Ⅱ、Basel Ⅲ中的第二支柱（监督检查）和第三支柱原则（市场纪律），2010 年 12 月巴塞尔委员会公布了《操作风险管理和监管的稳健性措施》（BIS，2010a）。依据巴塞尔委员会的要求，学者、研究机构从不同方面展开有关操作风险控制的研究。夏佩尔等（Chapelle et al.，2005）发表操作风险管理框架的文章，介绍了操作风险的管理战略、管理流程、基础设施和环境，提出了用各种工具和技术，辅以共同的语言文化、绩效度量、影响行为方式等因素来共同优化流程。

夏佩尔等（2008）根据高级计量方法（AMA）度量操作风险，并从大金融机构中选出的两组业务类型和两个事件类型组合进行研究，夏佩尔等（2008）提出了银行业实施 AMA 方法面临的主要问题。

豪伯斯塔克（Haubenstock，2003）从操作风险过程、部门、环境分析了操作风险完整的管理框架，认为对操作风险管理必须内部审查，把风险管理切入至业务环节，达到减少操作风险的发生。

克鲁兹（Cruz，2002）系统地阐述了如何进行操作风险管理，克鲁兹从操作风险的度量、操作风险的报告、操作风险控制、操作风险成本控制、操作风险资本分配要求、压力测试和情景分析等方面全面地介绍了操作风险管理。

梅多娃（Medova，2009）基于特定银行 4 年内部操作风险损失数据，应用极值风险资本模型（ERCM）计算特定银行操作风险资本，并认为极值风险资本模型（ERCM）特别适合风险管理。

国外学者的研究基于 Basel Ⅱ 的有关内容展开，在操作风险数据收集、损失分布、操作风险度量、操作风险监管等方面进行了延伸。数理统计理论已在操作风险损失分布、操作风险度量和操作风险监管方面得到了广泛的应用，如伽玛（Gamma）分布、泊松分布等。

二、国内有关文献综述

（一）操作风险认识方面

随着 Basel Ⅱ 中引入了操作风险，国内学者对操作风险的研究逐渐增多。从操作风险系统的介绍来看，王春峰（2001）较早对操作风险进行了系统介绍；而巴曙松（2003）则较早且详细、全面地介绍了 Basel Ⅱ 下的操作风险，并分析了操作风险特点、Basel Ⅱ 对操作风险资本金的配置方法、Basel Ⅱ 下操作风险相关规定的演变、当前国际金融界通常采用的操作风险衡量方法，且讨论了操作风险管理的引入和管理框架的建立。钟伟、王元（2004）追踪 Basel Ⅱ 下操作风险的新进展，系统地介绍了 Basel Ⅱ 对操作风险的定义和分类，并对 Basel Ⅱ 对操作风险最低资本要求的计算方法给予了较详细的诠释，且探讨了保险在操作风险缓释的应用。张吉光（2005）在对比巴塞尔委员会、英国银行家协会、全球风险专业人员协会对操作风险定义的基础上，提出中国对操作风险进行定义的原则，并利用实际案例方法分析了操作风险的特征。

国内学者对操作风险的研究为中国银监会出台相关措施加强银行业操作风险监控提供了参考。2005年以来，中国银监会对操作风险的监控力度明显加大。2005年3月，中国银监会发布了《关于加大防范操作风险工作力度的通知》；2007年5月，中国银监会颁布了《商业银行操作风险管理指引》；而后2008年和2009年分别出台了《商业银行操作风险监管资本计量指引》和《商业银行资本计量高级方法验证指引》两项措施；同时，银监会强调了商业银行应根据《商业银行操作风险监管资本计量指引》和《商业银行操作风险管理指引》的相关要求，对操作风险高级计量模型及支持体系进行验证，证明高级计量模型能够充分反映低频高损事件风险，审慎计量操作风险的监管资本。

2011年以来，中国银监会充分吸取商业银行操作风险监管的成功经验并考虑到国内银行经营和操作风险管理实践，以巴塞尔新资本协议（Basel Ⅲ）下操作风险监管为基础，对商业银行诸多业务线的监管提出了新的监管准则。2011年1月5日，中国银监会颁布的第1号令《中国银行业监督管理委员会关于修改〈金融机构衍生产品交易业务管理暂行办法〉的决定》明确规定，加强业务线的事前、事后风险管理，并要求建立完善的市场风险、操作风险和信用风险管理框架。2011年1月13日，银监会公布了《商业银行信用卡业务监督管理办法》，该指令要求银行建立健全信用卡业务风险管理和内部控制体系，明确了商业银行应建立健全信用卡操作风险的防控制度和应急预案，有效防范操作风险。2011年4月27日，银监会颁布了第44号指令，即《中国银监会关于中国银行业实施新监管标准的指导意见》，该指令要求监管部门要将商业银行新监管标准实施准备情况以及实施进展纳入日常监管工作，对各行新监管标准实施规划执行情况进行监督检查。此外，2011年8月15日，银监会就《商业银行资本管理办法》公开征求意见，其旨在规范监管资本要求、资本充足率计算、资本定义、信用风险加权资产计量、市场风险加权资产计量、操作风险加权资产计量、商业银行内部资本充足评估程序、资本充足率监督检查和信息披露等。2015年6月5日，银监会发布了《关于加强银行业金融机构内控管理有效防范柜面业务操作风险的通知》（以下简称《通知》），该《通知》从制度顶层设计、重点环节防控、客户服务管理、危机处置以及加强监管方面提出了具体要求。

（二）操作风险损失分布与度量

依据Basel Ⅲ，操作风险资本要求需要满足一定的比率。根据损失分布方法估计操作风险资本需要评估总的损失分布，而总损失分布在风险理论中是最基本的问题。风险理论中的总风险模型（collective risk model）的缺点是损失参数和分布具有不确定性。在风险模型中，闭式解（closed-form solutions）不适合操作风险典型的分布特征。然而随着现代计算机处理能力的强大，这些分布可用数值方法直接计算。舍甫琴科（Shevchennko，2010）的研究发现，数值算法能成功地计算总损失分布，这些数值算法可用蒙特卡洛（Monte Carlo）、Panjer 递归和傅里叶转换（Fourier transformation）方法。

目前，国内学者基于我国银行业的操作风险损失数据对操作风险进行了定量研究。樊欣、杨晓光（2003）根据国内外媒体公开报道，收集了1990~2003年的71起操作风险损失事件，并对各项业务的损失情况进行了初步分析。李志辉（2005）介绍了国内外商业银行操作风险损失数据的收集和主要操作风险损失数据库，并分析了商业银行内、外操作风险损失数据的区别。钟伟、沈闻一（2004）着重探讨了 Basel II 操作风险的损失分布法框架，并对操作风险损失分布框架所面临的问题、挑战进行了总结。万杰、苗文龙（2005）利用国外公共数据库和国内的有关实证研究成果，对各项业务、各种损失类型的分布情况进行了概括，并认为我国商业银行特别是国有商业银行处于特殊的经济、制度背景之下，操作风险主要集中在内部欺诈特别是管理层欺诈。袁德磊、赵定涛（2007）基于对国内银行业的操作风险损失历史数据收集，从业务类型、损失类型和地区分布等方面，对操作损失频度和强度进行了定量分析。他们认为，内部欺诈和外部欺诈是引起损失事件的主要类型。操作风险损失发生频率较低，但可能造成巨大的损失，操作风险呈典型的厚尾部特征。因此，通常的风险损失计量方法往往会低估风险，学者们开始引进极值理论进行分析，以提高对风险估计的准确度。刘睿、詹原瑞、刘家鹏（2007）借助 POT 模型，基于吉布斯抽样的贝叶斯 MCMC 方法，对中国商业银行的内部欺诈风险进行了度量，并估计了相应的经济资本。陈学华等（2003）借助 POT 模型度量了中国商业银行操作风险，并认为 POT 模型能更有效地捕捉可能导致金融机构重大损失的尾部风险。

随着技术进步、银行业务复杂化、欺诈手段的多样化，商业银行各业务线受到的操作风险攻击越频繁。为精确度量中国商业银行操作风险，汪冬华、徐驰（2015）采用厚尾部分布的非参数方法度量商业银行操作风险，并给出了 VaR 的点攻击方法和3种区间估计方法。

（三）操作风险控制

钟伟、沈闻一（2004）对操作风险监管原则新近发展给予了全面的归纳，并分析了其与新巴塞尔协议核心的"三大支柱"之间的关系。杨国梁

(2007) 分析了国际活跃银行操作风险管理新进展及美、德商业银行操作风险管理实践，剖析我国商业银行操作风险管理的不足，提出借鉴国际活跃商业银行操作风险管理理念、模式、体系、流程、技术等建议。

国内学者对我国商业银行操作风险方面的研究具有一定的前瞻性，特别是在操作风险计量模型方面，不过缺乏对我国商业银行操作风险分布的进一步认识。因此，分析我国操作风险损失分布状况并基于此而建立的操作风险损失模型能较好地度量风险。

第三节 结构安排

本书以下部分主要研究内容和结构安排如下。

第二章从巴塞尔资本协议框架的三次修订角度分析了操作风险演进历程。从巴塞尔资本协议修订诠释了操作风险的发展，即从游离于巴塞尔资本协议外到列于市场风险、信用风险之后的第三大风险。2007 年金融危机的爆发，催生了巴塞尔资本协议的再次修订，即 Basel Ⅲ 的诞生，相应地，操作风险有关内容也进行了重新修订，如 Basel Ⅲ 对操作风险数据统计、损失分布及度量方法都进行了相应的修正。

第三章比较了主要国家（地区）操作风险监管方式。鉴于操作风险监管在欧美起步较早，监管模式较为完善，监管框架较为成熟，本章着重分析了欧盟、美国在操作风险监管方面的内容。与发达国家相比，发展中国家操作风险监管起步较晚，监管模式尚需完善，本章介绍了亚太地区银行的操作风险监管相关内容。

第四章对中国商业银行操作风险进行了定性分析。基于媒体报道的中国商业银行 1994~2020 年 6 月底的操作风险损失数据，我们对操作风险损失数据类型及损失事件进行了定性描述。基于中国商业银行操作风险损失数据，我们建立操作损失分布模型，旨在反映操作风险损失频率与损失事件。通过对操作风险损失分布的检验、贝叶斯马尔科夫链蒙特卡洛模拟，我们认为我国商业银行操作风险损失分布近似服从广义极值分布（Generalized Extreme Value）。

第五章对中国商业银行操作风险损失所服从的 GEV 分布进行了诊断并延伸性地分析及诊断了 GPD 分布是否适用于中国商业银行操作风险。对中国商业银行操作风险的 GEV 分布的诊断表明，GEV 分布符合中国商业银行操作风险损失分布。鉴于在特定条件下，GPD 分布可转换为 GEV 分布。因此，对中国商业银行操作风险损失分布的 GPD 拟合进行了诊断，诊断表明中国商业银行操作风险损失分布可用 GPD 分布拟合。

第六章利用 POT 模型度量中国商业银行操作风险。在 POT 模型下，估计操作风险的方法较多，如极大似然估计、矩估计、概率权重矩估计等方法，本章利用以上方法估计操作风险损失分布的各参数。最后，用 POT 模型度量了中国商业银行的操作风险损失额。

第七章对中国商业银行操作风险控制的设计原理及控制进行了实证分析。根据目前中国金融监管当局及商业银行内部对操作风险管理状况，我们提出了中国商业银行操作风险控制设计机理。基于对中国商业银行操作风险控制机理，本书利用贝叶斯网络方法对风险控制进行了定量风险。

第八章总结了全书的主要结论，并对进一步扩展和深化操作风险度量及控制的若干问题进行了初步的探讨。

第四节 可能的创新之处

（1）基于中国商业银行操作风险损失数据，拟合中国商业银行操作风险损失分布。

从目前国内学者对操作风险度量的研究文献看，集中表现为两个特点，一是方法上的"拿来主义"，即利用国外最新研究方法度量中国商业银行操作风险损失；二是操作风险度量方法不适宜，即不分析中国商业银行操作风险的损失分布状况，相应的度量结果可能会出现偏差。

（2）对拟合的操作风险损失分布进行了相应的诊断。

基于中国商业银行操作风险损失分布状况，利用极值理论对其进行了诊断。诊断结果表明，GEV 和 GPD 分布均符合中国操作风险损失分布。

（3）基于拟合的操作风险损失分布度量操作风险损失。

基于 GPD 分布亦可适用于中国商业银行的操作风险损失分布，我们采用了 POT 模型度量操作风险损失。

（4）建立了操作风险度量的情景模型——贝叶斯网络模型。

发现潜在风险是风险管理的前提，本书旨在探索适合中国商业银行的操作风险度量方法及风险管理框架。业务线上的风险是操作风险损失的重要来源，因此，我们建立了以银行在线业务为例的贝叶斯网络模型。通过贝叶斯网络模型可分析由于风险因子的变化所引起操作风险损失的概率分布状况。

第二章 从 Basel II 到 Basel III：操作风险的演进与变迁

20世纪90年代，金融机构所涉及的风险管理，主要是针对信用风险和市场风险，操作风险被列入其他风险行列中。随着操作风险对银行的影响越来越大，Basel II 中将操作风险单独列出，变成位于信用风险和市场风险之后的第三大风险，从此管理层开始重视操作风险。近年来，随着 Basel II 的不断完善，操作风险在度量等方面也在不断地改进，详见 Basel II（2004）、Basel II（2006）。尽管 Basel II 经过几次修改，但还是不能有效防范风险的爆发，2007年的金融危机就是最好的佐证。危机爆发后，相关研究部门、专家、学者从不同层面思索 Basel II 的缺陷及其补救方法，最终促使 Basel III 问世，操作风险作为三大风险之一，也得到了相关的研究部门、专家、学者的青睐。2010年12月，巴塞尔委员会发布了有关操作风险的相关征求意见稿，即操作风险高级计量方法监管指南和操作风险管理及监管的稳健性做法。两份征求意见稿在完善操作风险数据统计、损失分布、度量方法等方面给予了较明确的规定。

第一节 操作风险的认识与地位变化

一、Basel II 出台前操作风险仅列入其他风险行列中

一般来说，风险大致有两种定义：一种定义强调了风险表现为不确定性；

另一种定义强调风险表现为损失的不确定性。本书所涉及的风险是指后者，风险表现为损失的不确定性，说明风险产生的后果可能带来损失。风险所带来的损失不确定性与理解风险带来收益的常识相悖，本书风险带来的损失是指由于金融服务业内部或外部的操作不当或疏忽所导致的损失，该风险是不带来收益的，只有损失。

风险管理起源于保险产业，在20世纪80年代，制造业中的风险管理采用质量管理形式，直到20世纪90年代，金融和非金融公司意识到了风险管理的重要性。一般来说，金融机构谈及风险管理时，其针对的主要风险是信用风险和市场风险。当时，人们把除信用风险和市场风险以外的风险，统统归纳为其他风险。20世纪90年代，人们对风险的认识决定了操作风险在主要风险中不可能占有重要地位。经过几代人的不懈努力，人们对风险管理已经有了一定的了解。

在某种程度上，操作风险是种特别的非对策性风险。国际清算银行（BIS，1998）把操作风险划入其他风险之中，是除市场风险和信用风险之外的其他风险类别，操作风险损失是由于人为因素或技术缺陷所引起的。由于需要对操作风险进行监控和管理，也使操作风险管理成为风险管理的一个方向。

二、操作风险重要地位的确立

由前面的分析可知，虽然操作风险被列入其他风险，但并不意味着人们对操作风险陌生。对银行业来说，操作风险并不陌生，几乎每天银行业务中都可能发生操作损失，几十年来，操作损失一直反映在银行的资产负债表中。自20世纪80年代末以来，操作风险损失单笔超过1亿美元的多达100余个案例，切尔诺拜等（Chernobai et al.，2007）发现操作损失达10亿美元的案例也有不少，操作风险的高危性引起了金融机构的高度重视，表2-1为银行业中操作风险的典型案例。因操作风险损失额大且对银行的影响面较广，操作风险从其他风险中脱颖而出，成为继信用风险、市场风险之后的第三大风险。关于三大风险的区别如表2-2所示。

表2-1　　　　　　　因操作风险引起的代表性案例　　　　　　单位：亿美元

发生年份	机构名称	事件概要	损失金额
1984~1995	大和银行纽约分行	未经授权的债券交易，内部管理不力	11.00
1986~1996	住友银行伦敦分行	未经授权的铜交易，欺诈和伪造	17.00
1988~1994	英国人寿保险公司	养老金销售失误及其他违规行为	180.00
1992	标准渣打印度分公司	涉嫌孟买股票交易的不正当行为	4.00
1993	伦敦股票交易所及其会员	TRURUS系统取消	7.00
1994	美国橙县政府	债券及其衍生工具交易缺少监督	17.00
1995	巴林银行新加坡分行	对期货交易控制失利，管理职能严重割裂	16.00
1996	德意志银行伦敦分行	超权限投资	6.00
1997	国民西敏寺银行	互换期权交易失利	2.00
1999	eBay网上拍卖所	技术失败	50.00
2002	联合爱尔兰银行美国分行	外汇虚假交易	75.00
2004	花旗银行	违规操作欧洲公债	无法估计
2006	澳洲银行	内部人员发生违规操作事件	14.00
2008	兴业银行（法国）	内部交易人员违规操作事件	387.18
2011	瑞银集团	交易员未授权交易	20.00
2012	汇丰控股	洗钱案	19.21
2013	摩根大通	交易操作不当	9.20

资料来源：2002年之前数据来源于，赵先信. 银行内部模型和监管模型——风险计量与资本分配[M]. 上海：上海人民出版社，2004：397. 2003~2013年的数据来源于，王萍. 我国商业银行操作风险度量实证研究——基于收入模型和上市银行数据[D]. 北京：对外经济贸易大学，2019.

表2-2　　　　　操作风险、信用风险及市场风险的区别

	信用风险	市场风险	操作风险
风险类型	违约风险 集中决策风险 信用恶化风险 授信风险	利率风险 汇率风险 股东权益风险 存贷风险	内部操作风险 人员风险 体制风险 外部事件风险
风险因素	信用状况变动矩阵 违约率 损失率	基本点价值及其时间波动曲线	内部欺诈、外部欺诈等七种类型

资料来源：根据国际清算银行资料整理。操作风险来源于 https://www.bis.org/fsi/fsisummaries/oprisk_sa.htm. 信用风险来源于 https://www.bis.org/fsi/fsisummaries/ccr_in_b3.htm. 市场风险来源于 https://www.bis.org/fsi/fsisummaries/rmrf.htm。

由于操作风险成为其他风险中的重要风险，相关的机构、研究人员开始对操作风险进行规范的诠释。乔瑞（Jorion，2000）把操作风险定义为由人、技术故障或意外事件所导致的风险，金（King，2001）则认为，操作风险是用来度量企业经营活动及其经营结果变化之间的联系。昆德罗和费弗（Kundro and Feffer，2003a）定义了对冲基金中的操作风险，其描述为与支持操作基金环境相关的风险，操作环境包括交易过程、会计、管理、价值评估和报告。BIS（2001a）下的操作风险定义为由内部过程的不充分或失误、人或系统或外部事件所导致的直接或间接损失风险。BIS（2001b）对操作风险进行了重新定义，重新定义后的操作风险可理解为由于不充分或错误的内部过程、人或系统，或者来自外部事件所导致的损失风险。一般认为，BIS（2001）对操作风险的定义是正式定义，并且被广泛地接受。一些大的银行及金融机构习惯采取他们自己定义的操作风险。如德意志银行（2005）把操作风险定义为，与雇员、合同具体事项和书面证据、技术、设施失误和灾难、外部影响和客户关系有关的潜在损失。

从操作风险地位角度看，一般认为操作风险是继信用风险、市场风险之后的第三大风险。不过，自操作风险从其他风险中被正式提出以来，操作风险在风险管理中就具有举足轻重的地位。在整个风险中，克鲁兹（Cruz，2002）认为，信贷风险大约占50%，操作风险占35%，市场风险和流动性风险占15%。2002年，卡普科（Capco，the Capital Markets Company）对20年对冲基金失败案例进行研究表明，大约50%的失败来源于操作风险，38%来源于投资风险，6%来源于经营风险，另外6%来源于其他综合风险因素（Chernobai et al.，2007）。

操作风险不仅对银行业操作具有重要影响，在对冲基金业务上，许多对冲基金失败案例也与操作风险有关（见表2-3）。表2-3列出了与操作风险有关的对冲基金失败案例，最严重的案例属凤凰城（Phoenix Kapitaldienst），该公司由于伪造资产所导致的损失额达8亿美元。

从操作风险的特点来看，操作风险具有低频率、高危险特征。内部操作不当不仅有可能招致重大损失，而且更严重的可使公司破产。在科技创新、信息网络革命、金融自由化及全球化的背景下，操作风险再度成为高度关注的焦点。

表2-3　　　　　　　操作风险在对冲基金方面的失败案例　　　　　单位：亿美元

对冲基金名称	国家	损失数量	事件概要
KL集团有限责任公司（KL Group LLC）	美国	0.81	自1999年以来对投资者传达错误的报告
凤凰城（Phoenix Kapitaldienst）	德国	8.00	操作账目，伪造资产
愿景基金（Vision Fund LP/DEN Ventures）	美国	0.23	自2002年以来，公司误导投资收益，根据虚假的收入采用非获利激励支付为个人抽取资本
艾登研究（Ardent Domestic/Ardent Research）	美国	0.37	转移资金投入证券市场
另类资产管理（Portus Alternative Asset Management）	加拿大	5.90	非传统的销售、配置资产

资料来源：Chernobai, Svetlozar and Fabozzi. Operational Risk: A Guide to Basel II Capital Requirements, Models, and Analysis [M]. John Wiley & Sons, Inc., 2007.

随着人们对操作风险的认识加深，对公司来说，操作风险被逐渐地提高到重要地位。近年来，机构管理者意识到确实需要对操作风险进行有效的测量和管理，操作风险正逐渐成为公司管理的重要组成部分，尤其对金融服务业（包括金融和保险）而言。

第二节　操作风险与世界金融危机

当人们沉浸于金融"膨胀"带来的便利时，史无空前的金融危机告诉我们，金融业过度的杠杆率和非受限的金融革新，伴随着漏洞百出的估值方法、失职的监管，是滋生市场混乱的温床，这与稳定金融和促进经济发展是背道而驰的。金融危机后，一些银行的抗风险能力有所加强，但仍然比较脆弱，较低水平的收益率产品结构能够抵御一些风险，如操作风险，而非报酬性的风险敞口范围扩大。

依据Basel I和Basel II建立起来的欧美金融监管体系被认为是导致次贷危机的罪魁祸首。从监管范围和力度看，巴塞尔委员会于2006年实施的Basel II是Basel I的升级版本。2008年以后，欧盟成员国多数银行依据Basel II建立风险资本要求，但在很多情形下，银行可能依据 Basel Ⅰ 要求计算风险资本。同样在美国，美国银行只是部分采取 Basel Ⅱ（2011）。2007 年全球性的金融危机似乎与操作风险无直接关系，但当我们细细拨开金融危机的层层外衣后，我们发现，信用违约互换（CDS）的泛滥或房地产抵押贷款的打包或再打包出售抑或是次级抵押担保的打包都不是金融危机的真正元凶，真正元凶在于金融监管的渎职、金融革新过快，而与之配套的风险管理体制陈旧，特别是操作风险管理体制落后。因此，可以说，操作风险管理不到位也是这场金融危机的诱因之一。

从操作风险角度审视次贷危机爆发的因果关系可参见图 2-1。众所周知，美国个人的住房抵押经金融创新后衍生为住房债券，该债券根据信用等级可分为不同级别，其中次级债券是信用相对较低的一种。次级债券经金融市场逐步放大其杠杆率，而银行对其监管不到位，使其风险不断放大，最后直至风险爆发。可见，业务线上产品的创新开启了新的风险敞口，经过相应部门和在传播过程中风险敞口逐步放大，风险监管不到位致使风险爆发。

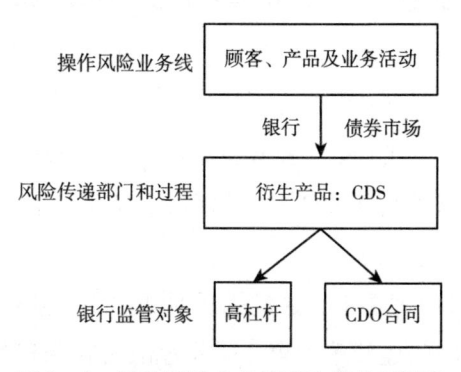

图 2-1　操作风险业务线看次贷危机爆发

在美国，投资银行和经纪业务对系统性风险监控的重要性在下降，由操作风险监管疏忽而引起的系统性风险，使 CDS 市场呈现一片混乱。由于对操作风险的监管失职，导致市场中充斥着大量无确认的交易和不确定性的违约清偿合同，这些劣质的"金融产品"充斥市场，从而衍生出"灰色"金融链。而"灰色"金融链比较脆弱，其中某一环节出现问题，则整个链条上的企业难逃其责。

面对着金融危机对金融业的冲击，2009 年 8 月，BIS 高管海梅·卡鲁阿娜（Jaime Caruana）公开发表了对国际金融危机的观点，他认为应对金融危机就必须采用宏观审慎的方式。这种方式就必须完善和加强监督和管理框架，另外需要通过宏观和微观审慎结合方式达到更好的效果。

总之，金融服务业是经济的枢纽，操作风险对金融服务业的影响可能仅指对金融服务业的冲击，但操作风险也可能引起全面的金融危机。2007年金融危机说明一些系统性风险就是由操作风险管理不当所引发的。近年来，金融业不断地推进金融创新，但是操作风险管理仍然停留在那些教条式的管理框架上，而忽视了以市场为基础的流动性转变所引发的操作风险。为此，巴塞尔委员会征求意见稿（2009）将进一步关注操作风险度量、管理和监管方面的问题。

第三节 从 Basel II 到 Basel III：操作风险的演进

一、新巴塞尔协议（从 Basel II 到 Basel III）中操作风险的发展历程

新巴塞尔协议（从 Basel II 到 Basel III）是一个动态的概念，每次对巴塞尔协议的修订都赋予其新的使命，如在 Basel II 中引入操作风险、监管跨国银行资本充足率、全面风险管理、高级计量方法的要求、核心资本要求等内容，而 Basel III 则侧重于金融危机后对加强银行业的监管、提高最低资本要求、对操作风险的监管等内容。操作风险是在新巴塞尔协议（从 Basel II 到 Basel III）不断完善的过程中逐渐健全，直至走向规范化的，如图 2-2 所示。图 2-2 描绘了新巴塞尔协议（从 Basel II 到 Basel III）的演进过程

	Basel II					Basel III	
1998	1999.06	2001.01	2001.09	2003.02	2004.01	2010.12	2010.12
开始征询操作风险	第一次征询：新巴塞尔协议框架中引入操作风险	第二次征询：操作风险	操作风险定稿	操作风险管理与监管的稳健措施	母国—东道国操作风险资本识别原则	操作风险管理和监管的稳健性措施	操作风险高级计算方法的监管原则

图 2-2 新巴塞尔协议（从 Basel II 到 Basel III）中操作风险发展历程

中有关对操作风险的重要修订，这些重要修订使操作风险的相关内容逐渐完善。

尽管巴塞尔委员会一直致力于完善操作风险管理，但与市场风险、信用风险相比，操作风险还是显得比较"年青"。针对操作风险在实践中所面临的问题，巴塞尔委员会在新巴塞尔协议中就提出对操作风险模型的两项修正：(1) 考虑到尾部分布特性，对风险特征因子 RPI 的引入，以及情景分析的必要性；(2) 考虑到行业整体的损失发生的概率（PE），而修正的单一银行损失发生的概率（PE）计算公式为：

$$PE = Z \times PE \text{内部} + (1 - Z) \times PE \text{行业}$$

如果某银行还规定，在进行高级计量法时，还必须进行情景分析，则考虑到行业整体损失发生的概率（PE），融入情景分析后的 PE 计算公式为：

$$PE = Z \times PE \text{内部} + (1 - Z) \times PE \text{行业} + Z \text{情景分析} \times PE \text{情景分析}$$

二、Basel Ⅲ下的操作风险

风险管理思想陈旧，管理体制落后，所以，对单个风险的简单修补并不能在某种程度上规避风险，2007 年的金融危机便为一例。金融危机后，巴塞尔委员会要求各国采取全面的措施加强对银行部门的规章、监督及风险管理监管，从而达到减少经济严重损失的概率及起到金融稳定的作用。

巴塞尔委员会在 2010 年 12 月发布了有关操作风险的两个征询文，即操作风险管理和监管的稳健性措施（2010）、操作风险高级计算方法的监管原则（2010）（见表 2 - 4）。操作风险管理和监管的稳健性措施（2010）提出了加强操作风险管理的几个方面的问题，即明确了监管机构对操作风险的监管职责、指出银行建立三道防线的风险管理框架，并提出了银行加强操作风险管理的 11 条原则。而操作风险高级计算方法的监管原则（2010）则是从框架、条例上规定了操作风险管理、损失数据收集及建立模型的相应原则。可见，以上两个征询文为今后操作风险管理和操作风险度量提供了相应的"蓝本"。

表 2-4　金融危机后巴塞尔委员会对 Basel III 中操作风险的补充文件

	主要内容	年月
操作风险管理和监管的稳健性措施（2010）	强调对操作风险管理在行业中应用的实践，提出了操作风险管理的三个方面的问题：监管、风险管理和披露作用	2010 年 12 月
操作风险高级计算方法的监管原则（2010）	规定了操作风险管理的原则、损失数据收集原则及建立模型的原则	2010 年 12 月
操作风险标准法（2017）	引入了新的标准方法计算操作风险	2017 年 12 月

资料来源：BIS. Consultative Document：Operational Risk-Supervisory Guidelines for the Advanced Measurement Approaches. www.bis.org, 2010a. BIS. Executive Summary. Operational Risk Standardised Approach. www.bis.org, 2017.

2010 年 12 月巴塞尔委员会发布的《操作风险管理和监管的稳健性措施》（以下简称"2010 版"）是对 2003 版的修订，2010 版比 2003 版更强调操作风险管理的严谨性，同时认为操作风险管理应该依据行业有效的实践和监管经验。2010 版主要强调了三个主题：监管、风险管理环境和信息披露的作用。

在监管方面，明确了监管机构的任务。明确了监管机构应建立适当的机制，对银行涉及操作风险政策、程序和系统直接或间接地进行定期独立评估，并掌握银行的发展情况。从监管领域看，对操作风险的监管评估应覆盖涉及操作风险管理的所有领域。从分管操作风险的监管委员会和高级管理部门的职责看，监管委员会监督高级管理部门，以确保政策、过程和系统实施的有效性；另外，监管委员会应该证实和评审操作风险事实、类型、水平，以核实银行愿意承担的操作风险的偏好和忍耐度。高级管理部门为监管委员会服务，高级管理部门负责监测所有银行在产品、服务和业务方面的操作风险管理的全过程是否与组织政策、过程及系统保持一贯性和持续性。

在风险管理环境方面，主要针对四个方面，即确认和评估、监管和报告、控制和减缓、业务冲击和持续性。从确认和评估的角度看，高级管理部门应该确认操作风险在所有产品、活动、过程及系统中的识别和评估，以确保更好地了解内在风险及其诱因。从监管和报告的角度看，高级管理部门应采用相应程序对操作风险分布及暴露的损失进行监管。合适的报告机制应包括委员会、高级管理部门和业务水平，以支持操作风险管理的前期行动。从控制和减缓的角度看，银行必须用强有力的控制环境工具，如政策、过程和系统，恰当的内部控制，恰当的风险监控或风险转移。从业务冲击和持续性的角度看，银行应该有应对业务冲击及持续的计划以确保有能力应对面临的业务扰乱。

在信息披露作用方面，银行公开信息披露应能支持市场参与者对银行的操作风险管理方式进行评估。

操作风险高级计算方法的监管原则（2010）是为了使银行更灵活地开发操作风险测量和管理系统，而灵活性就是高级计量方法（AMA）的主要特征。但这种灵活性不是意味着监管当局被动地接受任何银行采用的AMA框架。相反，管理者必须确认和鼓励银行操作风险管理实践可达到稳健和有效的目的。操作风险高级计算方法的监管原则（2010）强调了银行操作风险策略应该反映所有操作风险计算系统中的自然和原始的操作风险元素，包括以经验为背景的可预测的元素。总的来说，操作风险高级计算方法的监管原则（2010）征询文主要包括三方面内容，即管理、损失数据及建立模型。

在操作风险管理方面，银行的管理结构应该与其规模及业务复杂性相匹配。许多银行的管理结构依据三条防护线：（1）业务线管理；（2）独立公司的操作风险功能；（3）独立的确认和核实。独立的确认和核实是三条防护线中最重要的一条，并且确认和核实应该包括银行操作风险管理框架（ORMF）和操作风险管理系统（OPMS）的组成部分。确认确保银行充分稳健地使用操作风险管理系统，并对提供的信息、假说、过程和结果有了保证。核实用于检验整个操作风险管理功能、政策是否与大体的方向一致，检验操作风险管理框架有效性。另外，银行在对操作风险管理和定性风险中，应更多考虑使用测试和经验原则。

在操作风险损失数据方面，巴塞尔委员会认为使用高级计量方面的银行，损失数据收集的最主要原则是损失数据可有效地被用来实行高级计量方法。操作风险数据可分为以下四类：（1）内部损失数据；（2）外部数据；（3）情景数据和与银行业务环境有关的数据；（4）内部控制。高级计算方法操作风险有多个作用，包括风险定量性、风险管理、风险估计和其他形式的描述。为了保持一贯性，银行应该完善数据管理和数据收集程序，包括使用的边界原则、最小观察数据原则、数据处理等。操作风险高级计算方法的监管原则（2010）对损失数据选用原则、损失数据阈值原则、内部损失数据日期原则有了明确规定。在损失数据选用原则上，可选用总的损失数据或净损失数据，银行可以用合成损失数据①。在损失数据阈值原则上，内部损失数据根据统计上的事实，证明在阈值以下的损失数据对资本计算有重大影响。同时，银行有责任解释和说明每个操作风险类别的恰当阈值，且可通过使用不同阈值收集数据和建立模型。在内部损失数据日期原则上，银行一般涉及几个日期来捕捉单个操作损失数据，包括发生日期、发现日期、偶然意外可能日期、记账日期和处理日期。使用高级计量方法的银行可使用任何参考日期建立计算数据库，但需符合最小观察数据原则。银行在收集数据时，典型的做法是从至少三个日期（发生日期、发现日期和记账日期）来获取信息。

在建立模型方面，操作风险模型已取得很大进展，使用高级计量方法的银行在操作风险模型上有很大差异，这些差异反映在相关性估计、分布假设等方面。银行决定用高级计量方法应该首先考虑到有定量和定性分析支撑，并能反映银行操作风险分布图。对银行来说，银行应该从已记载的或可追踪的过程选择、更新、检查概率分布和参数估计。

三、Basel Ⅱ 与 Basel Ⅲ 操作风险比较

正式的 Basel Ⅲ 在 2011 年发布，Basel Ⅲ 比 Basel Ⅱ 更加完善和严谨。鉴于操作风险在 Basel Ⅲ 中相关规定可嵌入第一支柱、第二支柱和第三支柱中，因此比较新旧巴塞尔资本协议下操作风险的区别可从第一支柱、第二支柱和第三支柱的相关变化来分析（见表 2-5）。

表 2-5　　　　　　　　Basel Ⅱ 与 Basel Ⅲ 操作风险比较

	资本要求		资本要求		两者相比
	Basel Ⅱ	操作风险	Basel Ⅲ	操作风险	
第一支柱：最低资本要求	4.5%	基本指标法 标准化方法 高级计算方法	8%	基本指标法 标准化方法 高级计算方法	Basel Ⅲ 资本要求更高

---

① 操作风险高级计算方法的监管原则（2010）对总损失、净损失及合成损失数据定义如下：总损失表示未补偿的所有类型的损失。净损失为总损失扣除得到补偿部分（保险除外）。合成损失数据应遵循以下两个原则：一是共同的损失事件原则；二是非共同的损失事件的小额损失数据应排除。

续表

	资本要求 Basel II	资本要求 操作风险	资本要求 Basel III	资本要求 操作风险	两者相比
第二支柱：监督检讨程序	1. 评估与风险有关的资本充足性；2. 内部控制检讨；3. 对资本充足的监管	银行应该根据自己的风险偏好和容忍度以确定操作风险监管框架	暂无	1. 操作风险管理部门有管理委员会和高级管理部；2. 监管委员会监督高级管理部，以确保政策、过程和系统的实施在所有决策层次上都有效；3. 高级管理部为监管委员会服务，高级管理部负责监测对所有银行在产品、服务和业务方面的操作风险管理的全过程是否与组织政策、过程及系统保持一贯性和持续性	操作风险职责明确化，管理作用突出
第三支柱：市场制约	公共信息披露有助于市场参与者能对金融结果主要方面进行评估，如风险暴露、资本充足率	定量和定性披露	暂无	银行公开的披露应能使市场参与者评价其操纵风险管理的方法	信息披露更加规范

资料来源：BIS. Consultative Document：Operational Risk-Supervisory Guidelines for the Advanced Measurement Approaches [EB/OL]. www.bis.org, 2010a.

从第一支柱的变化看，Basel III 提高了资本要求，提高幅度为 3.5 个百分点。依据新资本金的要求，Basel III 下操作风险资本金要求相应提高。从第二支柱看，Basel II 下银行可根据各自银行的风险偏好及容忍度确定操作风险管理框架，而在 Basel III 下巴塞尔委员会明确地要求银行要有操作风险管理部门、明确操作风险管理者的职责、突出了操作风险管理的作用。从第三支柱看，Basel II 下要求银行披露信息应定性和定量同时披露，而在 Basel III 下则更加规范了信息披露流程等其他事宜。

第四节 本章小结

最开始，巴塞尔资本协议中只有两种风险，即市场风险和信用风险。操作风险仅列入其他风险行列中。随着操作风险爆发的频率越来越高，影响越来越大，2001年9月操作风险正式作为第三大风险列入Basel Ⅱ中。

2007年伊始的次贷危机是金融衍生工具大肆膨胀而金融监管滞后的产物。次贷危机促使国际社会要求改进现行的资本监管体制和内容，为适应新的资本监管要求，Basel Ⅲ顺势而生。从Basel Ⅲ的内容看，与Basel Ⅱ相比，Basel Ⅲ对操作风险监管更加严格化、操作风险度量方法更加具体化。从巴塞尔资本协议下的三大支柱方面，我们比较了新、旧资本协议下的操作风险的区别。表现为：从第一支柱的最低资本要求看，Basel Ⅲ提高了资本要求，提高幅度为3.5个百分点。依据新资本金的要求，Basel Ⅲ下操作风险资本金要求相应提高。从第二支柱的监督检讨程序看，Basel Ⅱ下银行可根据各自银行的风险偏好及容忍度确定操作风险管理框架，而在Basel Ⅲ下巴塞尔委员会明确地要求银行要有操作风险管理部门、明确操作风险管理者的职责、突出了操作风险管理的作用。从第三支柱的市场制约看，Basel Ⅱ下要求银行披露信息应定性和定量同时披露，而在Basel Ⅲ下则更加规范了信息披露流程等其他事宜。

第三章 主要国家（地区）操作风险监管比较

1988年，Basel Ⅰ面世，其旨在为国际金融系统提供稳定的方案。但在实践中Basel Ⅰ不能充分地度量风险敞口，美国和其他国家银行监管管理层通过开会商讨有关完善巴塞尔资本协议的相关内容，并于2004年发布了Basel Ⅱ。成员国实施巴塞尔资本协议的时间存在差异，欧盟于2006年开始实施Basel Ⅱ，而美国于2007年12月7日实施，发展中国家则实施得更晚。事实上，巴塞尔资本协议并不是条约，成员国可对巴塞尔新资本协议（Basel Ⅲ）进行修改以适合本国的金融监管框架。

Basel Ⅲ只是为成员国的金融监管制定了相应的框架，由于各成员国金融发展水平不同，执行Basel Ⅲ的力度有所区别。对于发达国家而言，欧盟成员国对金融监管的法律依据主要为欧洲偿付能力监管标准Ⅱ（Solvency Ⅱ），而美国对于金融监管的法律则是依据美国反虚假财务报告委员会下属的发起人委员会（COSO）于1992年发布的《内部控制——整合框架》。对于发展中国家而言，其金融发展水平偏低，金融监管力度偏弱。

Basel Ⅲ已推出，成员国必须在规定时间实施新的资本协议。成员国对Basel Ⅲ协议转化情况如何？本章以操作风险为出发点，分析比较主要国家（地区）操作风险监管状况。

第一节 Basel Ⅲ下操作风险监管

Basel Ⅲ问世，相应的风险资本要求、风险监管和控制等相关内容有所修定。因此，需要了解操作风险最新进展，则必须结合 Basel Ⅲ 框架下有关资本金要求、操作风险监管和控制等相关内容。

Basel Ⅲ 的显著特点就是提高了资本监管要求，因实施最小资本监管要求后，银行资产吸收能力减弱，而普通有形资产数量将增加。有形普通资产包括银行股票和留存收益（retained earnings）。Basel Ⅲ 新的资本监管要求将会使许多作为监管资本的资产转变为普通有形资产。到 2015 年，总监管资本的一半将由普通股资产构成。普通有形资产将以新的资本缓冲池形式存在。到 2019 年 1 月，最小总资本加上保留缓冲资本将占风险权重资产的 10.5%，该比例比目前最小资本要求高了 2.5%（Eubanks，2010）。

从巴塞尔新资本协议实施期限看，根据 Basel Ⅲ 要求，世界各成员国实施期将从 2013 年 1 月 1 日开始，而且必须在此之前将协议规则转化为国家法律规范。实际上，Basel Ⅲ 推进速度却是缓慢的，新协议的各项内容到 2019 年才正式生效，而且允许银行在 2023 年前停止使用其他工具替代普通股。可见，Basel Ⅲ 下操作风险中的监管要求从 2013 年 1 月 1 日正式实施。

从操作风险新的监管和控制要求看，Basel Ⅲ 下操作风险监管力度有所提高。2010 年 12 月，BIS 发布了有关操作风险监管的两个征求意见稿，其旨在要求成员国完善操作风险数据统计、损失分布的确立、方法度量等方面。欧、美等国家或地区对操作风险重视较早，操作风险管理制度较成熟，而发展中国家操作风险监管起步较晚，管理制度还不完善。Basel Ⅲ 的实施有利于发展中国家完善操作风险管理制度、管理方法等。

新的操作风险监管和控制实施对各区域银行影响程度不一。最近发生的金融危机统统可归咎于银行或债券市场中业务线经营活动的监管缺失。随着金融衍生品的不断发展，欧洲、北美洲银行的金融衍生品呈现多样化、复杂化趋势，而与之配套的金融监管或操作风险监管则相对落后，导致金融监管真空的出现。2008 年的全球金融危机和 2011 年的欧债危机是发达国家金融监管错位的最好例证。实施新的巴塞尔资本协议，可提高操作风险监管要求。从某种意义上看，新的操作风险监管和控制的实施可使欧洲、北美洲银行的资本金要求提高，风险敞口减少。与欧、美等国家或地区的银行相比，亚洲银行由于在 1997 年金融危机后，金融监管力度加大，新的操作风险监管和控制实施对亚洲银行的影响相对较小。

第二节 欧洲操作风险监管经验与俄罗斯实践

据国际货币基金组织（IMF）估计，2007~2010 年，欧洲信贷部门由于金融危机遭受的损失达 1 万亿欧元（European Commission，2011）。金融危机后，2009 年 4 月 2 日 G20 宣布加强金融稳定。此后，欧洲金融监管高层次委员会主席雅克·德·拉罗西耶（Jacques de Larosière）建议欧盟建立更和谐统一的金融监管制度。在欧洲金融监管未来设计内容上，欧洲委员会于 2009 年 6 月 18 日和 19 日会议同样强调了在单一市场需要建立"欧洲单一规则法令"以应用于所有信贷机构和投资公司。

操作风险是信贷部门和投资公司面临的显著风险，欧盟金融监管委员会要求信贷部门和投资公司自有资金覆盖操作风险。考虑到欧盟成员国信贷部门和投资公司形式上存在差异，允许这些部门通过包含不同的风险敏感程度及复杂程度的方法来度量操作风险。

一、欧洲操作风险监管框架基石：银行监管框架

2008 年国际金融危机爆发后，国际上呼吁加强对银行体系的监管。欧盟同样面临加强对区域内银行体系的监管。旨在与 Basel Ⅲ 相一致，2011 年 6 月 20 日，欧盟委员会发布了相关的条例，这些条例包括监管草案（监管Ⅰ、监管Ⅱ、监管Ⅲ）和指令草案（CRD Ⅳ）。

在欧盟内部，金融监管存在多种形式，有依靠中央银行的，有单一监管形式和混合监管形式，以上监管形式都不是理论上最优的方式。对成员国来说，每个国家面临的是选择一种既要符合本国政治可行性、有效性，又要符合本国金融结构的监管模式。尽管不存在统一的监管标准，但是欧盟法律可作为监管形式在成员国直接应用。而实际上，欧盟的监管和指令框架已经确立了，即拉姆法鲁西（Lamfalussy）进程。其最初是为证券部门制定的，由欧盟货币委员会主席拉姆法鲁西提出，主要目的是使复杂又冗长的欧盟监管法律可通过四个层次方式简单化。目前，拉姆法鲁西进程已经在整个欧盟金融部

门推广。

依据拉姆法鲁西进程，欧盟施行的法律框架是在欧盟委员会的授权下（一级）的。欧盟委员会规定了拉姆法鲁西进程的实施方式，即在欧盟金融监管框架下有四个特别委员会（二级）协助完成，四个特别委员会分别为欧洲银行业委员会（EBC）、欧洲证券委员会（ESC）、欧洲保险和职业退休金委员会（EIOPC）、金融集团委员会（FCC）。在制定这些方案期间，委员会咨询许多专家委员（三级），这些委员分别来自欧洲银行业监管者委员会（CEBS）、欧洲证券监管者委员会（CESR）、欧洲保险和职业退休金监管者委员会（CEIOPS）。最后，委员会与成员国密切合作，监管当局涉及三级行列，各部门检查与欧盟共同体的法律是否运行一致（四级）。欧盟的金融监管框架如图3-1所示。

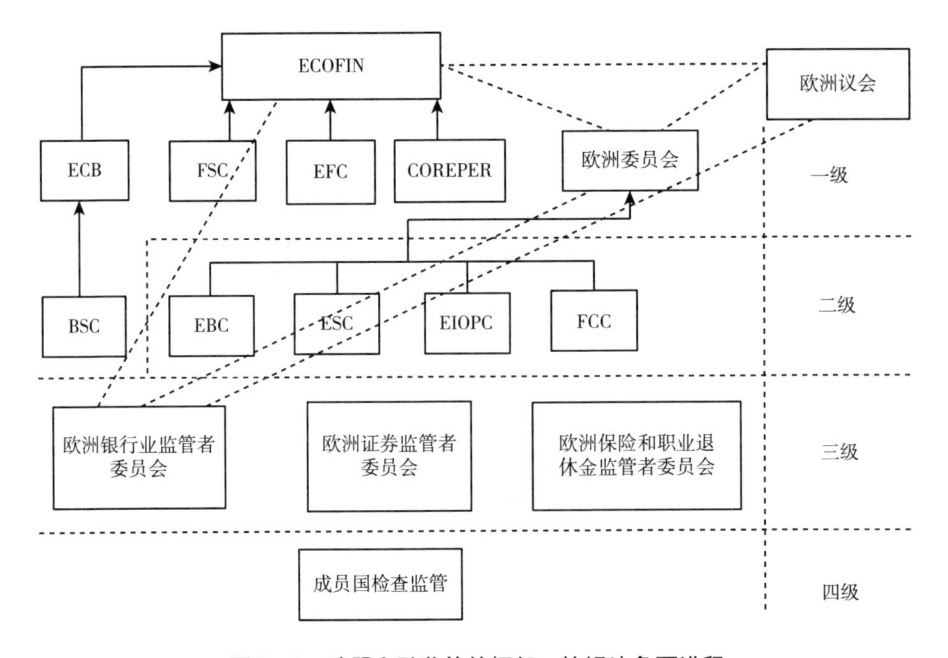

图3-1 欧盟金融监管的框架：拉姆法鲁西进程

资料来源：Michael Olsen. Banking Supervision European Experence and Russian Practice. Central Bank of the Russian Federation, 2005: 29.

欧盟银行系统中有关对操作风险的监管依据欧盟金融监管框架。对于操作风险而言，欧盟委员会负责制定操作风险监管框架，四个特别委员会负责监督对操作风险的监控，而欧洲银行业监管者委员会、欧洲证券监管者委员会、欧洲保险和职业退休金监管者委员会负责各自领域的操作风险监督和管理。

二、欧盟成员国银行监管组织结构

在欧盟成员国内部，银行监管的多样性及各国监管制度的差异性使操作风险的监管缺乏统一标准，欧盟成员国操作风险监管机构的比较如表3-1所示。在表3-1中，FSA（金融监管当局）表示单一监管组织，该组织监管范围覆盖所有的三个金融部门；NCB（央行）表示央行负责监管某一特别部门；B/I/S（银行、保险、证券）表示分隔管理当局，负责监管某一特别部门；G（政府）表示政府部门负责监管某一特别部门。

表3-1　　　　　　　欧盟成员国银行监管组织结构

	银行	保险	证券	是否有央行介入
奥地利	FSA	FSA	FSA	是
比利时	BS	I	BS	是
塞浦路斯	NCB	G	S	是
捷克斯洛伐克	NCB	IS	IS	是
丹麦	FSA	FSA	FSA	否
爱沙尼亚	FSA	FSA	FSA	是
芬兰	BS	I	BS	是
法国	B/NCB	I	S	是
德国	FSA	FSA	FSA	是
希腊	NCB	I	S	是
匈牙利	FSA	FSA	FSA	是
爱尔兰*	FSA	FSA	FSA	是
意大利	NCB	I	S**	是
拉脱维亚	FSA	FSA	FSA	是
立陶宛	NCB	I	S	是
卢森堡	BS	I	BS	否
马耳他	FSA	FSA	FSA	是
荷兰***	NCB	NCB	NCB	是
波兰	NCB	I	S	是
葡萄牙	NCB	S	S	是

续表

	银行	保险	证券	是否有央行介入
斯洛伐克	NCB	IS	IS	是
斯洛文尼亚	NCB	G	S	是
西班牙	NCB	I	S	是
瑞典	FSA	FSA	FSA	是
英国	FSA	FSA	FSA	是

注：*在爱尔兰，金融监管由爱尔兰金融服务管理当局（Irish Financial Services Regulatory Authority）引导，金融服务管理当局是央行下面的一个自治部门，拥有自己的董事会和职责。

**在意大利，法律确立了意大利央行负责监管证券部门金融中介的风险控制和金融稳定，而CONSOB（意大利监管机构）负责证券市场监管，指导市场交易原则和经营行为。

***在荷兰，荷兰中央银行（De Nederlandsche Bank）负责所有金融中介的审慎监管，市场交易规则和经营行为由不同部门分开监管。

资料来源：Michael Olsen. Banking Supervision European Experence and Russian Practice. Central Bank of the Russian Federation，2005：20.

在欧盟成员国内，除丹麦、卢森堡两国的央行不介入对操作风险的监管外，其他国家的央行都介入对操作风险的监管。

三、欧盟离线和在线监管

在线和离线监管是一个问题的两个方面，它们相互补充，但也可能互不兼容。在巴塞尔资本协议的核心原则中，公认地认为离线监管和在线审查是事前有效监管的方式。

从监管的目的看，离线监管主要有三个目的，其分别为：

（1）监管单个银行风险进程和风险水平，通过标准检查练习，可以对同一水平的银行进行比较；

（2）监管银行所遵从的审慎界限；

（3）提供监管资源和制定审查计划的优先权。

从欧洲银行离线监管模式看，离线监管旨在收集信息，对相关信息进行加工并且评估信息的价值，从相关信息中发现风险并事前准备相关应对措施以预防风险的发生。图3-2描述欧洲银行离线监管模式，该模式就是事前收集信息，具有提前预防风险的目的。

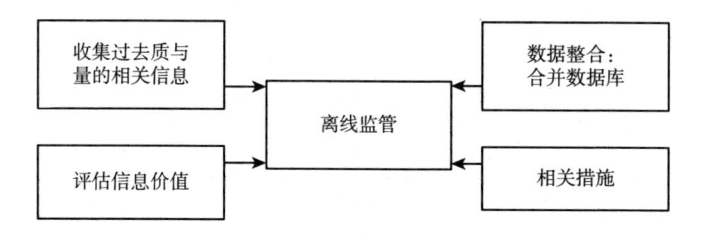

图 3－2　欧洲银行离线监管模式

资料来源：Michael Olsen. Banking Supervision European Experience and Russian Practice. Central Bank of the Russian Federation, 2005: 46.

与离线监管从量的角度进行监管机理不同，在线监管则是从质的维度监管银行风险。从监管程序上看，如果不从管理强度和管理程序的质的维度进行评估，风险管理系统将很难实现监管人的监管方式与风险导向的条款执行方式相结合。

与离线监管不同，在线监管主要目的就是加强监管质的因素，主要包括：

（1）使监管人更好地了解经营理念和单个银行的风险、风险特征，以及如何成为一个合格的管理者及员工；

（2）确保监管框架完全正确地执行，银行的管理和组织以恰当和稳健的方式进行，包括风险管理框架。

在线监管增加了监管范围，改善了报告的诠释以及其他由银行提供给监管者的信息。在在线审查期间，监管者从与银行职员的密切联系中可获得实质性的收益。其实巴塞尔新资本协议（Basel Ⅲ）的核心原则就要求监管者与银行的联系作为独立且有效的监管信息的主要方式。欧洲银行在线监管流程如图3－3所示。在线监管流程在某种意义上就是结合离线监管方式，以兼顾风险和兼顾计划与监管各个在线业务相结合，向管理层传达及时的监管报告。

四、Solvency Ⅱ最新修订与 Basel Ⅲ 比较[①]

在欧盟内部，成员国对金融监管采用的是欧洲偿付能力监管标准Ⅱ

---

① Solvency Ⅱ中将操作风险定义为：操作风险指由于不完善或有问题的内部操作过程、人员、系统或外部事件而遭受损失的风险，包括法律风险。Basel Ⅲ中操作风险可理解为由于不充分或错误的内部过程、人或系统，或者来自外部事件所导致的损失风险。

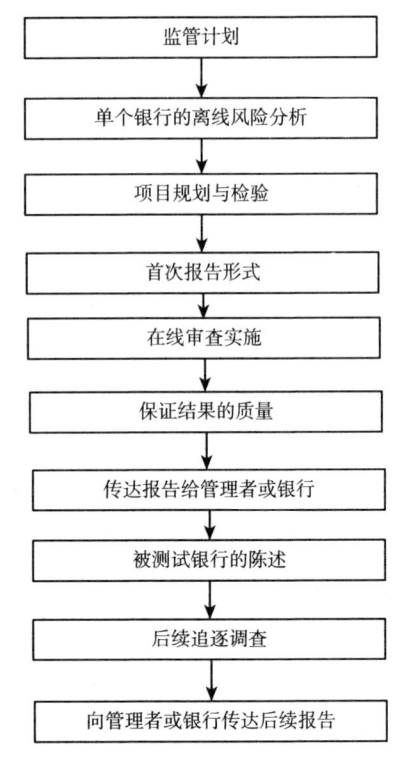

```
┌─────────────────┐
│    监管计划      │
└────────┬────────┘
         ↓
┌─────────────────┐
│ 单个银行的离线风险分析 │
└────────┬────────┘
         ↓
┌─────────────────┐
│   项目规划与检验   │
└────────┬────────┘
         ↓
┌─────────────────┐
│   首次报告形式    │
└────────┬────────┘
         ↓
┌─────────────────┐
│   在线审查实施    │
└────────┬────────┘
         ↓
┌─────────────────┐
│   保证结果的质量   │
└────────┬────────┘
         ↓
┌─────────────────┐
│ 传达报告给管理者或银行 │
└────────┬────────┘
         ↓
┌─────────────────┐
│   被测试银行的陈述  │
└────────┬────────┘
         ↓
┌─────────────────┐
│   后续追逐调查    │
└────────┬────────┘
         ↓
┌─────────────────┐
│向管理者或银行传达后续报告│
└─────────────────┘
```

图3-3 欧洲银行在线监管流程

资料来源：Michael Olsen. Banking Supervision European Experence and Russian Practice. Central Bank of the Russian Federation, 2005: 54.

(Solvency Ⅱ)。为了确保 Basel Ⅲ 在欧盟成员国内的平衡应用，欧盟委员会对 Solvency Ⅱ 中的一些监管进行了相应的修改。这些修改，体现在以下方面。

（一）最高协调

最高协调（maximum harmonization）是与最低限度协调相对应的概念。最低限度协调是欧盟金融服务法的一项基本原则，是指对各成员国金融监管基本要素的协调，该协调并不追求各成员国金融监管标准的完全统一，而是仅仅在与许可和审慎监管有关的"关键"领域实现了"必要的"协调。为了维护公共利益，成员国在不违反《欧共体条约》和金融服务指令有关规定的前提下，有权单独或者共同制定更为严格的监管规则。最低限度协调既是现阶段欧盟金融服务法的一项立法原则，也是一种与完全协调相对应的一体化方法。而最高限度协调是指欧盟金融服务市场一体化立法完全覆盖了特定领域的某个或者多个方面。据此，除了可以援引保障条款（safeguard clauses）制定与金融服务指令不一致的规则外，各成员国应当严格遵守指令的有关规定。

鉴于在欧盟成员国间存在不恰当的或不协调的金融监管要求，更严格的监管要求只会使风险敞口或风险从一个部门转移至另一个部门。因此，最高协调有必要达成一个真正的单一的法律指令。

2011年7月20日欧盟发布了新的指令，在该指令中，主管当局可以考虑在国家层面上采用三种可能的宏观审慎政策。

（1）对抵押贷款来说，为确保不动产的安全，成员国可适当调整资本金要求。

（2）在第二支柱下，对于个别机构或组织，成员国可追加额外资本要求。

（3）成员国设立反周期的缓冲资本池需反映各自国家的特别宏观经济风险。

（二）资本的诠释

1. 推算保险机构和金融混合联合显著资本持有水平

Basel Ⅲ要求国际活跃银行从投资于疏散的保险公司中推算自有资金水平。该目的是防止银行未经允许将保险公司作为附属机构计算自有资金水平。为了处理类似银行将保险公司作为附属机构所带来的跨部门风险，欧洲委员会发布了2002/87/EC指令，该指令依据国际惯例处理跨部门风险。该条例加强了金融混合联合准则在应用到银行及投资公司上时，应确保银行及投资公司稳健和一致性地应用。

在欧洲偿付能力监管标准Ⅱ（Solvency Ⅱ）中，支柱2要求（P2R）是一项资本要求，它是对最低资本要求（称为支柱1）的补充，并涵盖了被低估或未涵盖的风险。P2R具有约束力，违规行为可能对银行产生直接的法律后果。通过监督审查和评估过程（SREP）确定P2R。SREP产生的资本需求还包括第二支柱指南（P2G），该指南向银行指示了要维持的足够资本水平，以提供足够的缓冲来承受压力情况。与 P2R 不同，P2G 没有法律约束力。

欧洲央行 2014 年发布的《资本要求条例》旨在加强市场纪律，确保投资者和储户充分了解机构的资本状况。在这种情况下，根据 CRR Ⅱ 引入的第 431（1）、433a（1）和 438（b）条，大型机构［定义见 CRR 第 4（1）（146）条（由 CRR Ⅱ 修订）］应每年披露其第二支柱要求[①]。

2. 高质量的自有资金

在 Basel Ⅲ 下，国际活跃银行高质量自有资金工具——股份公司，也许仅由普通股组成以满足严格的标准。在资本充足率方面，Solvency Ⅱ 与 Basel Ⅲ 存在差异（见表 3-2）。

表 3-2　　　　　Basel Ⅲ 实施各大风险资本金要求比较

风险类别	累计实施成本估计		开始报告日期（年）	主要任务
	百万欧元*	FTE 年		
市场风险	6~10	25~40	2012	定义/实施计算方法，引入新的过程，建立数据库
流动性	<1	<5	2013**	建立资本市场策略
信贷风险	4~6	15~25	2013	设计/设施信贷评估调整方法，强调 EPE 模型
操作风险及 IT 风险	35~45	90~115	—	确保数据一致性及可获得性，开发应用、设计新的 IT 工程
合计	45~62	130~185		

注：* 包括内部工具成本和各自硬件成本；** 专家估计。

资料来源：Philipp Härle et al. Basel Ⅲ and European Banking: Its Impact, How Banks Might Respond, and the Chanlleges of Implementaion [M]. McKinsey & Company, 2010: 25.

在欧盟，资本充足率是种新的监管工具。与 Basel Ⅲ 一致，在目前阶段，欧盟委员会未建议把资本充足率当作有约束力的工具，但在 2018 年，单个银行自有裁量权因从监督管理转向约束力度量层面上，资本充足率首先作为额外元素得到应用。

Solvency Ⅱ 在 301（2）条款下描述了高质量自有资金的相关规定，该条

[①] European Central Bank. Banking Supervision 2019. https://www.bankingsupervision.europa.eu/banking/srep/srep_2019/html/p2r.en.html.

款所涉及的应用方法包括对不同国家采用的方法来计算操作风险资金分配的描述。基于第 88、第 89 条款，各机构应该满足以下自有资金安排：（1）普通股东一级核心资本比例的 4.5%；（2）一级核心资本比例的 6%；（3）总资本比例的 8%。以上自有资本要求包括了操作风险内容，操作风险自有资金的要求与 Title Ⅲ（附属机构发布的有关少数股东权益和额外的一级核心资本和二级核心资本工具）的第三部分一致。

五、俄罗斯对操作风险的监管

俄罗斯操作风险监管实施主要分以下三个阶段。

（一）2004 年之前，俄罗斯央行对操作风险监管仍处于比较初级阶段

由于操作风险监管在俄罗斯起步较晚，俄罗斯央行对银行操作风险度量及风险金计算的相关规定没有具体要求。截至 2005 年底，俄罗斯央行没有对银行操作风险度量及风险金计算的相关规定。从操作风险损失数据出发，俄罗斯央行建立了操作风险的管理的相关标准。与此同时，俄罗斯央行把操作风险并入信用风险体制下进行监管，这是俄罗斯首次正式地把操作风险列入监管范畴。

2004~2005 年，在俄罗斯联邦法律框架下，引进了储蓄保险条例，即"俄罗斯联邦银行的家庭储蓄保险条例"。该条例的引进使俄罗斯银行业变得更稳定，并减少了部门间的风险水平。

从俄罗斯银行业监管的一般原则看，联邦法律下"俄罗斯联邦中央银行"作为银行业监管部门，负责维护银行业系统的稳定和保护借贷者的利益。另外，俄罗斯银行监管委员会带动央行各个部门执行其各自的监管职能。

从俄罗斯银行业监管的管理层看，银行监管委员会组织结构经俄罗斯央行董事会全体董事同意后确定。银行监管委员会主席由俄罗斯央行主席从董事会全体董事中任命。任命银行监管委员会后，从俄罗斯央行各单位的领导中任命副主席。

从银行的监管功能看，俄罗斯央行把国际银行监管的最好实践作为向导，特别是与巴塞尔委员会在银行有效监管的核心原则上保持一致。俄罗斯央行

已同意的重要银行监管原则有：自有资本是投资者通过无形资产获得则需要从资本中扣除，该原则旨在提高银行资本质量。在提高银行系统监管方面，俄罗斯央行最重要的原则是应用国际准则和实践，如巴塞尔新资本协议（Basel Ⅲ）。这就要求俄罗斯央行需要发展成为以风险导向型方式进行监管，同时法律上强化了俄罗斯央行在监管方面的权利。

俄罗斯银行部门的典型特征之一就是资金不足。执行严格的资本金充足率要求措施将会促使银行管理者建立他们自己的资本金水平，以使银行资本能达到所要求的资本金水平。未能达到资本金要求的银行，法律将会强制取消其营业执照。

由于地域方面的原因，与欧盟相似，俄罗斯银行监管也基于立法。近年来，尽管在银行业立法方面取得相当大的进展，但俄罗斯银行业监管的立法基石仍与更严格的监管体系存在差距。俄罗斯银行要进一步提高银行监管能力，就必须从立法框架上加强监管，包括加强立法条文的筹备及相关资本金的技术，依据这些立法条文加强风险的准备。

随着银行远程服务的快速发展，包括电子银行的发展，需要相关配套的立法监管这些活动，并且审慎地限制相关的操作风险，如IT和法律风险。

从俄罗斯央行关于实施巴塞尔新资本协议（Basel Ⅱ）的计划看，在2004年6月8日和7月22日发布的文件中描述了俄罗斯实施巴塞尔新资本协议（Basel Ⅱ）的相关内容。其主要内容为2008年或2009年将采用基本指标法度量操作风险。

（二）2004~2008年俄罗斯央行对操作风险监管的改革阶段

在经历了2004~2008年改革后，俄罗斯银行业将会最大限度地采用国际标准来规范银行业风险监管。俄罗斯实施新巴塞尔资本协议需要做好以下四个方面的事先准备：

（1）健全的法律框架，包括银行监管范围，以便能实施巴塞尔新资本协议（Basel Ⅱ）下的第二和第三支柱；

（2）更高层次的经济稳定；

（3）高度发达的经济文化和银行文化；

（4）可获得借款人有资格获取贷款的一段时间的历史信息，至少是可覆盖整个经济圈。

（三）俄罗斯央行操作风险管理执行 Basel Ⅲ 资本要求阶段

在国际上执行 Basel Ⅲ 的监管框架下，俄罗斯央行努力推进俄罗斯银行操作风险监管要求。2015 年 4 月 15 日，俄罗斯银行签发了一项法案草案《关于修订俄罗斯银行条例 3624－U，关于信贷机构或银行集团的风险和资本管理系统的要求》，以便使银行监管与巴塞尔银行监管委员会文件所建立的标准保持一致。草案阐明了信贷机构对某些类型的风险（利息，市场，剩余，集中和交易对手风险）进行管理的要求。评估有关信贷，市场和操作风险的资本充足率的内部程序，应解决俄罗斯银行用于确定评估信贷机构资本充足性的资本要求的方法所未完全涵盖的风险因素（Bank of Russia，2015）[①]。

为了确保和监控金融部门的信息安全并应对信息威胁，俄罗斯银行集中精力执行 2018 年 6 月 27 日第 167-FZ 号联邦法律（Bank of Russia，2018）。

2020 年，在与银行界进行磋商之后，俄罗斯银行对《信贷机构和银行集团的操作风险管理要求》的法规草案进行了微调。法规草案的修订除其他事项外，还涉及要求比率的差异以及根据信贷机构的资产和许可证类型引入操作风险管理的时间表。俄罗斯银行建议将信贷机构分为三类：具有基本执照和 NCI 的银行，具有不超过 5000 亿卢布资产的通用许可证的银行和具有超过 5000 亿卢布的通用许可证的银行。该法规草案为每个银行类别建立了具体要求。该文件的修订还涉及在相应基础上注册的操作风险事件造成的损失阈值，并更新了操作风险类型和相关损失的定义。该法规草案特别规定了信息安全风险（包括网络风险）和信息系统风险管理的要求；维护操作风险事件数据库；信用机构内部操作风险报告；信贷机构的 IT 政策；以及弥补运营风险［包括信息安全风险（包括网络风险）］的实现所需的资本金的额外要求（Bank of Russia，2020）[②]。

[①] http：//www.cbr.ru/eng/press/event/? id＝50#highlight＝risk％7Coperational％7Crisks.

[②] http：//cbr.ru/eng/Press/event/? id＝2513.

第三节 美国操作风险监管实践

一、美国银行内部控制要求

美国COSO委员会于1992年发布《内部控制——整合框架》报告，该报告是当今世界公认的内部控制领域的纲领性文件，其指出："内部控制是由企业董事会、经理当局以及其他成员为达到财务报告的可靠性、经营活动的效率和效果、相关法律法规的遵循这三个目标而提供合理保证的过程。"报告围绕内部控制的五个相互联系的要素展开，即控制环境、风险评估、控制活动、信息与沟通、监测。风险管理与内部控制概念不同，但联系密切，内部控制与操作风险管理尤为密切。银行内部控制机制通过环境、流程、工具等方式，约束不同部门、不同岗位、不同人员的职责，降低各种风险的可能的损失，这其中包括大量操作风险损失。

二、美国银行操作风险监管经验

在美国，银行的竞争力体现在风险回报管理方面，因此风险管理成为银行的关键组成部分。而个人问责则是风险管理方针的基石，美国银行的每个员工都有管理风险的职责。在风险管理上，银行采取综合性的风险管理模式，通过战略、财务、客户和员工规划流程保证全公司上下目标和责任的统一。在风险管理上，体现了自下而上的管理体系。在具体的业务单位、产品、服务和交易的内部进行风险和回报的管理；在整体上，集团作为整体进行风险和回报的管理。风险的内部监控包括文化和结构层面的元素。

美国银行将风险分为四类：信用、市场、操作和战略风险。这些风险往往彼此重叠，造成涉及一种风险类型以上的情况时有发生。合规是所有风险管理工作的核心。

美国把操作风险定义为：由不完善或失灵的内部流程、人员、系统或外部事件所造成损失的风险。操作风险包括未能成功、及时地采取具有成本效益的方式实施战略目标和行动计划。操作风险是银行内部每项业务、产品、服务和职能都固有的风险，因此每个业务线和每个员工的日常职责都包括操作风险的管理。

美国银行操作风险管理制度的关键贡献因素：六西格玛的原则性及严格性；管理为主，测量为辅；关注文化及风险问责；在银行上下提倡风险多元化和分散化；技术服务于流程。

三、美国银行操作风险监管法律依据

美国银行业金融监管依据《多德—弗兰克法案》。在操作风险监管方面，该法要求通过开发恰当的工具、程序以及可靠、安全和可充分改变容量的自动化系统建立和维持风险分析程序及识别和最小化操作风险（Dodd-Frank，SEC.725 p315）。在操作风险检验方面，该法要求监管组织至少1年一次对金融市场效用设计指导检查，其中，操作风险检查内部主要是确定操作风险对金融体制、重要市场和金融系统的影响（Dodd-Frank，SEC.807 – 808（P439））。在金融监管的资本要求方面，Basel Ⅲ 可能会与美国在《多德—弗兰克法案》（P.L. 111 – 203）下新的资本监管相冲突。在美国，银行平均总资产比率大约是10.52%。

第四节 亚太地区操作风险监管实践

巴塞尔新资本协议（Basel Ⅲ）的实施对亚太地区的银行业影响比欧洲和北美银行业的影响要小。这可归结为三个方面的原因：首先，自1997年亚洲金融危机以来，大部分亚洲管理层已经实施了比 Basel Ⅲ 更严格的资产管理要求；其次，亚洲国家或地区储蓄率普遍较高且较保守的消费态度使贷存比偏低；最后，与欧洲及北美银行相比，亚洲国家或地区的银行产品风险更低、更简单化，因此所需资本较少（Christian Edelmann，2011）。但亚洲国家或地区操作风险管理的起步较晚，对操作风险管理经验和实践较缺乏。

一、亚太地区操作风险采用的计量方法及实施时间表

亚太地区银行部门呈多样化且相对分散，有具备较发达的全球性服务功能的银行，也有发展中国家的小规模、本土化及有限服务的银行。更明显的是，由于亚太地区各国/地区的银行监管部门对操作风险的态度和银行部门的操作风险管理的经验差异，导致该地区银行在操作风险管理的时间安排上存在较大差异（见表3-3）。2008年，毕马威（KMPG）对35家银行（发达国家/地区11家，发展中国家/地区24家）的问卷调查显示，发达国家/地区的银行体系较为成熟，受监管制度等影响，一般采取高级计量法，中小金融服务结构一般采用标准法。发展中国家/地区的银行较为不成熟，一般采用指标法或标准法。印度尼西亚银行大都采用指标法；马来西亚银行大多数采用标准法；澳大利亚大型银行采用高级计量法，中小银行大多采用标准法。随着Basel Ⅲ的即将实施及跨国银行的进入，为保证各国金融稳定，亚太地区操作风险管理方法正在逐渐向高级计量法及更复杂计算方法演进。

表3-3　　　　　　操作风险管理方法在亚太地区的实施时间

国家/地区	基本指标法	标准法	高级计量法
中国	—	2010~2013年	—
中国香港	2007年1月1日	2007年1月1日	—
印度	2007年4月1日	—	—
日本	2007年4月1日	2007年4月1日	2008年4月1日
印度尼西亚	2008年1月1日	2008年1月1日	2010年
马来西亚	2008年1月1日	2008年1月1日	2010年
韩国	2008年1月1日	2008年1月1日	2008年1月1日
中国台湾	2007年1月1日	2008年1月1日	2008年1月1日
巴基斯坦	2008年1月1日	2010年	2010年
新加坡	2008年1月1日	2008年1月1日	2008年1月1日
新西兰	2008年1月1日	2008年1月1日	2008年1月1日
澳大利亚	2008年1月1日	2008年1月1日	2008年1月1日

资料来源：潘再见，陈振．商业银行操作风险管理：亚太经验及其对中国的启示［J］．国际金融研究，2010（4）：69．

二、亚太地区操作风险管理框架

总的来看，亚太地区银行操作风险管理框架主要涵盖了信息技术风险管理、外包业务、项目管理、执行、信息安全、新产品与服务发展。亚太地区发达国家与发展中国家在操作风险管理框架上存在一些差异，发达国家正在开发一种更复杂的机制来使用操作风险损失数据、经验及衡量结果，更好地形成银行所需要保险的覆盖范围和定价；而发展中国家的银行在上述框架内遵从信息持续和反欺诈等规则。

从组织结构看，亚太地区存在集权模式与分权模式两种管理组织结构。分权模式通常指设立一个行政机构或董事会下设委员会负责整个公司的操作风险管理，并设置政策标准和实施程序。发达国家商业银行主要采用分权模式，并认为该模式是实施高级计量方法的重要基础；发展中国家商业银行更倾向于采取集权模式下的管理组织结构。从毕马威（KPMG）2008 年的调查结果看，采用基本指标法的银行都采用集权模式的管理组织结构，采用标准指标法的银行超过一半也是集权模式的管理组织结构。

三、亚太地区操作风险度量方法

毕马威（KPMG，2009）资料显示，亚太地区操作风险管理方法及度量上也存在一定的差异，主要体现在定性和定量方面。发达国家（地区）及一些跨国银行一般选择更复杂的操作风险管理工具，从而能够更客观及准确地评估和度量操作风险，如图 3-4 所示。

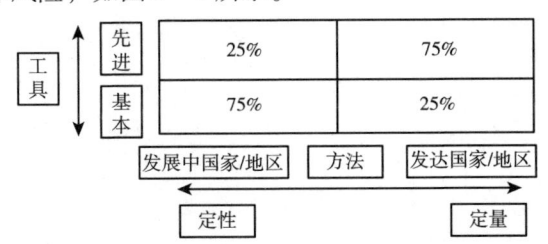

工具	发展中国家/地区	发达国家/地区
先进	25%	75%
基本	75%	25%
	方法	
	定性	定量

图 3-4　亚太地区银行操作风险管理方法与工具的应用

资料来源：KPMG. Basel Ⅱ in the Asia Pacific Banking Sector Survey 2008 [EB/OL]. Working Paper, http：//www.kpmg.com, 2009-8-15.

第五节 本章小结

欧盟金融发展程度较高，对操作风险的监管可从欧盟金融监管的角度分析。欧盟成员国之间，金融监管形式多样化，有依靠中央银行的，有单一监管形式和混合监管形式。每个国家面临的是选择一种既要符合本国政治可行性、有效性，又要符合本国金融结构的监管模式。欧盟成员国均选择适合本国最优的监管方式，结果导致整体丧失最优行动能力。总体来看，欧盟银行监管框架较为完善，但区域内采取统一有效的监管框架缺乏时效性。

从亚太地区整体上看，金融发展进程落后于欧美，对操作风险的监管仍处于起步阶段。从操作风险度量所使用的方法上看，一般来说，亚洲发达国家/地区的银行体系较为成熟，受监管制度等影响，一般采取高级计量法，中小金融服务结构一般采用标准法；而发展中国家/地区的银行较为不成熟，一般采用指标法或标准法。

美国金融业发展程度最高，其监管主要依据《多德—弗兰克法案》。依据该法，操作风险监管已通过开发恰当的工具、程序以及可靠、安全和可充分改变容量的自动化系统来建立和维持风险分析程序及识别和最小化操作风险。

第四章 中国商业银行操作风险损失分布

操作风险度量的模型与分布假定是为了能反映操作风险损失频率与操作风险损失事件，而分布的假定无疑是最基础和最重要的。巴塞尔新资本协议（Basel Ⅲ）尚未明确规定银行应假定其操作风险分布类型，但 Basel Ⅲ 规定，银行假定的操作风险损失分布能反映确实存在的、阈值之上的操作风险数据特征，该假定应与潜在的操作损失数据及监管者的期望一致（BIS，2010）。可见，精准的操作风险损失分布为建立操作损失模型、完善操作风险计量方法、操作风险管理提供确实的依据。

第一节　中国银行业操作风险损失：特征及形成原因

操作风险损失数据缺失已成为研究者从事操作风险度量、风险管理的最大障碍。国外有些机构专门从事操作风险损失数据的收集，而中国商业银行操作风险损失数据未对外公布，该数据仅被少数管理人员掌握，如银行内部高级管理人员或从事风险管理的人员。因此，国内学者对操作风险损失数据的收集主要来自媒体的报道[①]。本书操作风险损失数据来源于裁判文书网（http：//openlaw.cn）以及新浪财经等国内财经网站。

[①] 书中的操作风险损失数据来源于钱艺平博士论文中所涉及的中国商业银行操作风险损失金额及事件（1994～2008 年）。资料来源：钱艺平. VaR 约束的商业银行风险管理研究 [D]. 长沙：中南大学，2009.

一、中国商业银行操作风险损失特征

(一) 中国商业银行操作风险损失总体状况

1994~2020年6月底，中国商业银行操作风险损失额共计1828.75亿元，其中2002年操作风险损失额最大，达751.88亿元，如图4-1所示。图4-1描述了1994~2020年6月中国商业银行操作分析损失额。从图4-1可以看出，2001~2005年是中国商业银行操作风险损失高峰期，在这五年中，中国商业银行操作风险损失额达1097.83亿元，占1994~2020年总额的60.03%。自2006年以来（除2016年中国商业银行操作风险有所反弹外），中国商业银行操作风险损失得到有效控制。虽然中国银行业操作风险得到有效控制，但并不能排除操作风险不会再次发生。2020年4月，中山农商行某支行原行长伙同外部人员，骗取多位受害者及小贷公司约14亿元。2020年7月，四川凉山州商业银行风控主管与外部勾结，骗取凉山州商业银行9300万元。可见，尽管人民银行、银监会及各金融机构严格控制操作风险，但操作风险仍不断涌现出来，给金融机构带来不小损失。

从各家商业银行操作风险损失金额和损失事件看，1994~2020年，中国

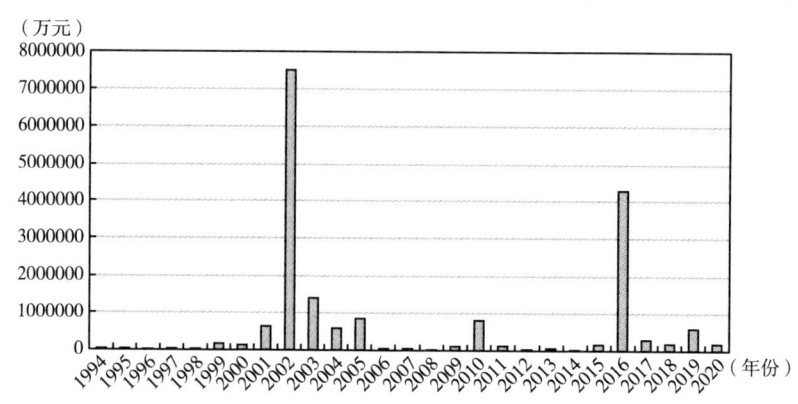

图4-1 中国银行业操作风险损失情况（1994~2020年）

资料来源：(1) 1994~2008年数据根据钱艺平博士论文操作风险损失事件数据整理。钱艺平. VaR约束的商业银行风险管理研究 [D]. 长沙：中南大学，博士论文，2009. (2) 2009~2020年数据来源于裁判文书网 (http：//openlaw.cn) 等网站。

第四章　中国商业银行操作风险损失分布　55

银行共发生操作风险损失事件 43 起，损失共计 142.88 亿元；中国建设银行操作风险损失事件 35 起，损失共计 25.84 亿元；中国工商银行操作风险损失事件 39 起，损失共计 37.94 亿元；中国农业银行发生操作风险损失事件 43 起，损失共计 445.17 亿元；光大、民生、华夏、中信银行操作风险损失事件共 35 起，损失累计 82.31 亿元；浦发、兴业、地方商业银行及信用社操作分析损失事件共 74 起，损失累计 133.27 亿元（见图 4-2）。

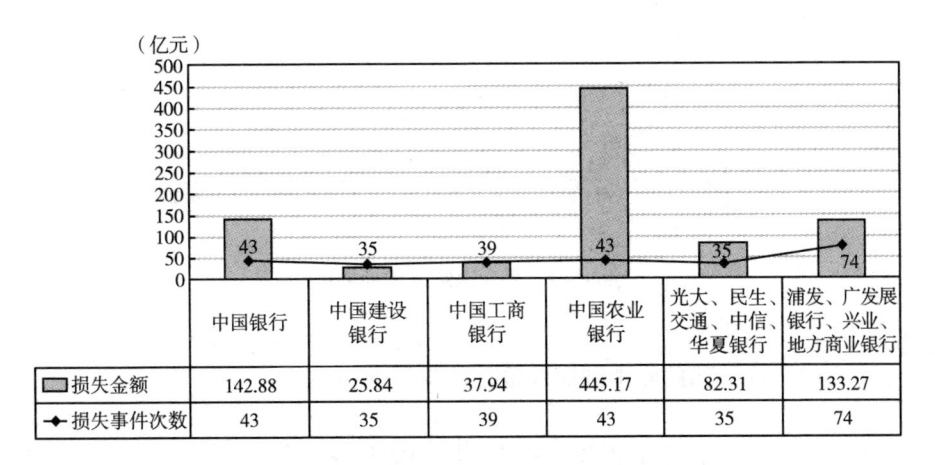

	中国银行	中国建设银行	中国工商银行	中国农业银行	光大、民生、交通、中信、华夏银行	浦发、广发展银行、兴业、地方商业银行
损失金额	142.88	25.84	37.94	445.17	82.31	133.27
损失事件次数	43	35	39	43	35	74

图 4-2　中国商业银行操作风险损失及损失事件

资料来源：（1）1994~2008 年数据根据钱艺平博士论文操作风险损失事件数据整理。钱艺平. VaR 约束的商业银行风险管理研究 [D]. 长沙：中南大学, 博士论文, 2009.（2）2009~2020 年数据来源于裁判文书网（http://openlaw.cn）等网站。

从操作风险损失与损失事件来看，操作风险损失与损失事件呈"非正态"关系，如图 4-3 所示。对 1994~2020 年的每一年操作风险损失与操作风险损失事件进行分别累积，我们发现，损失频率（操作风险损失事

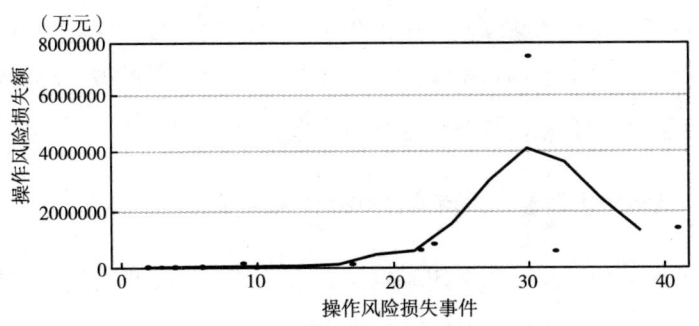

图 4-3　操作风险损失事件与操作风险损失的"非正态"关系

件）与操作风险损失额呈"非正态"关系。根据对 1994～2020 年 6 月的操作风险损失数据的 Kernel 密度估计，我们得出中国商业银行操作风险损失呈厚尾部的性质，如图 4-4 所示。操作风险损失呈现的厚尾部性质已成为业界的共识。

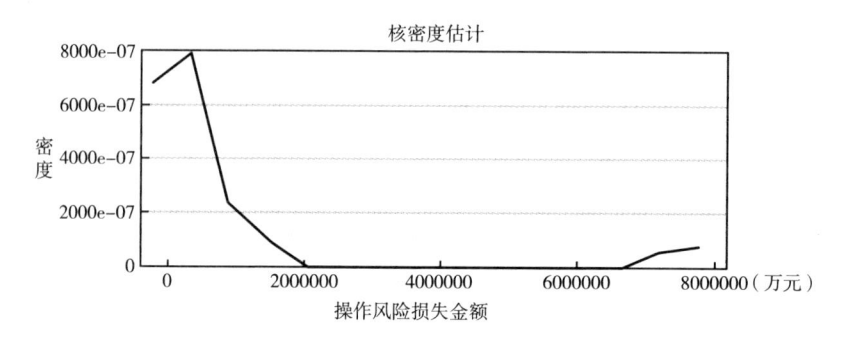

图 4-4 操作风险损失的密度

（二）从业务部门看中国商业银行操作风险损失

巴塞尔委员会将商业银行的业务部门划分为以下 8 种类型：(1) 公司财务（corporate finance）；(2) 交易与销售（trading & sales）；(3) 零售银行业务（retail banking）；(4) 商业银行业务（commercial banking）；(5) 支付与清算（payment & settlement）；(6) 代理服务（agency services）；(7) 资产管理（asset management）；(8) 零售经纪（retail brokerage）。

根据收集的操作风险损失数据，我们绘制了操作风险在不同部门的损失事件与损失金额（见图 4-5）。从统计结果看，操作风险在零售银行业务、商业银行业务、支付和结算业务中发生损失事件次数较大，其中在零售银行业务中操作风险损失事件达 149 起。从操作风险损失金额看，操作风险损失最大的在商业银行业务，其次是支付和结算业务。

（三）从损失类型看中国商业银行操作风险损失

损失事件类型是按照在操作风险损失事件中，导致损失发生的原因进行分类的，具体分为 7 类：(1) 内部欺诈（internal fraud）；(2) 外部欺诈（external fraud）；(3) 雇用合同以及工作状况带来的风险事件（employ prac-

第四章 中国商业银行操作风险损失分布　57

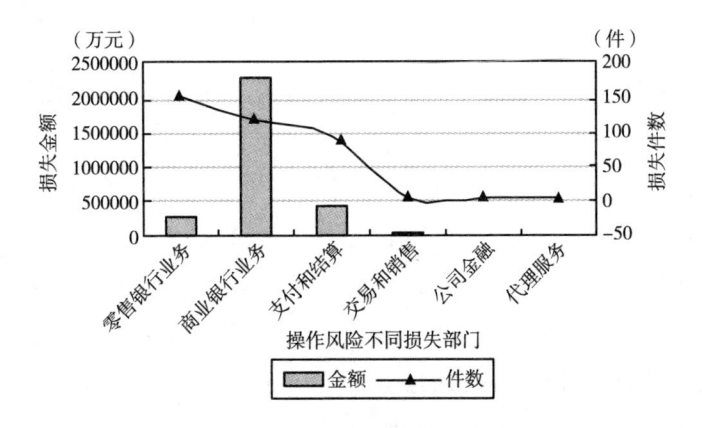

图 4-5　不同业务部门操作风险损失情况

资料来源：宋加山. 基于极值理论的中国商业银行操作风险度量 [D]. 合肥：中国科学技术大学，博士论文，2008：56. 2009~2020 年数据来源于裁判文书网（http：//openlaw.cn）等网站。

tices & workspace safety）；（4）客户、产品以及商业行为引起的风险事件（client，products & business practices）；（5）有形资产的损失（damage to physical assets）；（6）经营中断和系统出错（business disruption & system failure）；（7）涉及执行、交割以及交易过程管理的风险事件（execution delivery & process management）。

从操作风险损失的不同类型看，操作风险损失事件发生最多的是内部欺诈，其次是外部欺诈；操作风险损失金额最多的是客户、产品及商业行为类型，该类型损失额达 850.15 亿元。操作风险损失不同类型损失事件与损失金额的关系如图 4-6 所示。

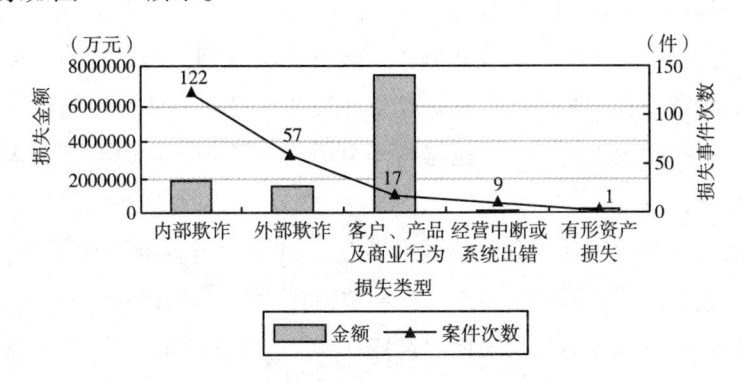

图 4-6　不同损失类型操作风险损失情况

资料来源：根据裁判文书网（http：//openlaw.cn）等网站数据整理。

二、中国商业银行操作风险形成诱因：监管制度缺陷

根据信息经济学理论，在经济运行的任何一项交易中，如果交易双方所拥有的信息与该项交易有关的信息不对称，则会引起逆向选择和道德风险。从监管制度角度看，中国商业银行操作风险的形成有其特殊的背景，即在商业银行改革过程中，监管当局对商业银行监管制度的疏忽。在中国银行业改革时期，对商业银行的监管制度不仅不能降低因信息不对称所导致的不确定性，反而增加了商业银行所面临的潜在风险。导致内部欺诈和外部欺诈成为我国商业银行操作风险损失事件最多的诱因有以下四个方面。

首先，商业银行监管制度漏洞、人为因素是操作风险泛滥的主要诱因。巴塞尔资本协议明确了操作风险是"由于内部程序、人员、系统的不完善或失误，或外部事件造成直接或间接损失的风险"。根据以上分析，我们发现中国商业银行操作风险主要表现为人为因素。商业银行监管制度存在漏洞表现为由于风险管理体制不完善，降低了作案成本，滋生了银行内部员工利用职务之便进行的违法行为（员工内部欺诈、内外勾结）。

其次，产权制度不明晰。商业银行的产权属于国家（人民所有），而在执行过程中，中央政府和各级地方政府作为国家的代表执行所有权。中央政府和地方政府对商业银行的管理可能会偏离一般金融企业目标，而侧重转向发展经济和社会稳定。从信息经济学角度，商业银行可视为委托人，商业银行的管理人可视为代理人。在实践中，委托人与代理人的目标不一致，代理人的策略偏离委托人的最优目标。产权制度不明晰易导致监管当局对银行风险监管不力，代理人的行为或策略得不到有力的监督，从而埋下了操作风险滋生的种子。

再次，内控制度缺失易滋生操作风险。加强银行内部操作风险的控制，必须完善银行系统内部控制制度。内部控制目的在于监督银行内部行为主体，使他们各自的行为与银行系统稳健目标一致。在中国国情下，中国商业银行的稳健目标不一致，因此内部控制制度未起到实质性作用。从岗位职责角度来看，还没有形成完整、科学、有效的岗位职责体系，部门之间、岗位

之间普遍存在界面不清、职责不明现象，无法建立起持续监控和改进的内控机制。

最后，缺乏有效的操作风险管理框架。以信息披露为例，一旦操作风险发生，对风险损失的确定等需要经过层层向上披露，信息披露机制不灵活。

第二节 中国商业银行操作风险损失分布：贝叶斯 MCMC 频率理论模型

一、相关文献回顾

在操作风险分析方法中，Basel Ⅱ 未对操作风险分布假定做特别规定，在操作风险分析方法上给予银行较大的自主权，但银行必须能够说明操作风险分析方法能"捕获"损失事件的厚尾部特征（BIS，2006）。为了能反映操作风险损失的厚尾部特征，在实践中，操作风险分布用得最多的是泊松分布，其次是负的贝奴里分布（Negative Binomial）（BIS，2010）。随着人们对操作风险的认识，巴塞尔新资本协议（Basel Ⅲ）对操作风险分布的假定给出了"一致性"原则，银行假定的操作风险损失分布能反映确实存在的、阈值之上的操作风险数据特征，该假定与潜在的操作损失数据及监管者的期望一致（BIS，2010）。

依据巴塞尔新资本协议，操作风险资本要求需要满足一定的比率。根据损失分布方法估计操作风险资本需要评估总的损失分布，而总损失分布在风险理论中是最基本的问题。风险理论中的总风险模型（collective risk model）的缺点是损失参数和分布具有不确定性。在风险模型中，闭式解（closed-form solutions）不适合操作风险典型的分布特征。然而随着现代计算机处理能力的强大，这些分布可用数值方法直接计算。帕维尔·舍甫琴科（2010）的研究发现，数值算法能成功地计算总损失分布，这些数值算法可用蒙特卡洛（Monte Carlo）、Panjer 递归和傅里叶转换（Fourier transformation）方法。

目前，国内学者基于中国银行业的操作风险损失数据对操作风险进行了定量研究。樊欣、杨晓光（2003）根据国内外媒体公开报道，收集了1990~2003年的71起操作风险损失事件，并对各项业务的损失情况进行了初步分析。李志辉（2005）介绍了国内外商业银行操作风险损失数据的收集和主要操作风险损失数据库，并分析了商业银行内、外操作风险损失数据的区别。袁德磊、赵定涛（2007）基于对国内银行业的操作风险损失历史数据收集，从业务类型、损失类型和地区分布等方面，对操作损失频度和强度进行了定量分析。他们认为，内部欺诈和外部欺诈是引起损失事件的主要类型。刘睿、詹原瑞、刘家鹏（2007）借助POT模型，基于吉布斯抽样的贝叶斯MCMC方法，对中国商业银行的内部欺诈风险进行了独立，并估计了相应的经济资本。由于操作风险数据的"截断"性，可以将传统分阶段定义损失强度的损失分布法（PSD-LDA）拓展为双截尾分布POT（DTD-POT）度量模型（陈倩，2019），该方法能减少因损失分布选择不当带来的误差。

国内学者对中国商业银行操作风险方面的研究具有一定的前瞻性，特别是在操作风险计量模型方面，不过缺乏对中国商业银行操作风险分布的进一步认识。本书基于中国银行业操作风险损失1994~2020年6月的数据，利用贝叶斯MCMC频率分析，试图找出中国银行业操作风险损失分布特征，通过对操作风险损失分布的检验、贝叶斯马尔科夫蒙特卡洛频率分析。

二、贝叶斯推断

贝叶斯推断用数值方法估计和推测事件尚未发生时的信念程度及计算事件已发生后的信念程度。在本书中，我们要解答的是在观察到操作风险损失已经发生的情况下，频率函数P，参数为θ的概率是多少。贝叶斯理论可用公式表示为：

$$p(\theta|D) = \frac{p(D|\theta) \cdot p(\theta)}{p(D)}$$

其中，p(θ|D)为在给定D情况下，关于θ的条件概率；p(θ)为先验概率；

$p(D|\theta)$ 为在给定 θ 情况下,关于 D 的条件概率;$p(D)$ 为先验概率,通过该值为常数。因此,该式表示在观察到 D 后对 θ 的修正。

由于一些复杂模型,贝叶斯分析不能得到闭式解,因此,在对这些复杂模型进行分析时,需要用 MCMC 方法。

三、贝叶斯 MCMC 算法

马尔科夫蒙特卡洛(MCMC)方法是以构建马尔科夫链为基础的抽样概率分布算法,该方法得到的分布较接近真实分布。

贝叶斯 MCMC 可参见伯纳多和史密斯(Bernardo and Smith)等人的描述,简单的贝叶斯 MCMC 过程有以下步骤:

(1) 在参数空间 Θ 上构建马尔科夫链,其均衡分布是 $p(\theta|D)$;

(2) 运行马尔科夫链抽样过程;

(3) 构建马尔科夫链均衡分布算法。本书用 Metropolis-Hasting(MH)算法。

MH 算法是一类常用的构造马尔科夫链的方法。MCMC 方法的精髓在于构造合适的马尔科夫链,因此算法的主要目的是对马尔科夫链 $\{X_t | t = 0, 1, 2, \cdots\}$,在给定一个 X_t 所处的状态下,产生下一步的状态 X_{t+1}。MH 算法构造如下:

(1) 构造合适的提议分布 $g(\cdot | X_{t+1})$;

(2) 从 $g(\cdot | X_{t+1})$ 中产生 Y;

(3) 若 Y 被接受,则 $X_{t+1} = Y$,否则 $X_{t+1} = X_t$。

为了使产生的马尔科夫链的平稳分布为目标抽样分布 f,需要提议分布满足的正则化条件包括不可约、正常返、非周期。以下验证通过 MH 方法得到马尔科夫链分布 f 为平稳分布。

验证如下,MH 方法通过如下方式产生马尔科夫链 $\{X_0, X_1, X_2, \cdots\}$:
首先,构建合适的提议分布 $g(\cdot | X_{t+1})$(满足正则化条件);
其次,从某个分布 g 中产生 X_0;
最后,重复以上过程(直到马尔科夫链达到平稳状态)。

(1) 从 $g(\cdot | X_{t+1})$ 中产生 Y;

(2) 从 U(0, 1) 中产生 U;

(3) 若 $U \leq \dfrac{f(Y)g(X_t|Y)}{f(X_t)g(Y|X_t)}$ 则接受 Y, 并令 $X_{t+1} = Y$, 否则 $X_{t+1} = X_t$;

(4) 增加 t, 返回到 (1)。

上述算法接受概率为:

$$\alpha(X_t, Y) = \min\left(1, \dfrac{f(Y)g(X_t|Y)}{f(X_t)g(Y|X_t)}\right)$$

通过以上内容可以看出,通过 MH 算法构造的链满足马尔科夫性质,因为 X_{t+1} 仅依赖于 X_t。但 MH 算法构造的链是否非周期不可约则取决于提议分布的选取,如果是非周期不可约则链具有唯一的平稳性。事实上,当 $r \neq s$ 时,转移核为:

$$\begin{aligned} K(r,s) &= p(s|X_t = r) \approx P(X_{t+1} \in s \pm h, TA|X_t = r)/2h \\ &= \int_{s-h}^{s+h} g(y|r)\alpha(r,y)dy/2h \to g(s|r)\alpha(r,s), h \to 0 \end{aligned}$$

当 r = s 时,

$$\begin{aligned} K(r,s) &= p(s|X_t = r) \approx P(X_{t+1} \in r \pm h, TA|X_t = r)/2h + \\ &\quad P(X_{t+1} \notin r \pm h, T^{-}A|X_t = r) \\ &= \int_{s-h}^{s+h} \alpha(r,y)g(y|r)dy/2h + \int_{y \notin r \pm h}[1-\alpha(r,y)]g(y|r)dy \\ &\to \alpha(r,r)g(r|r) + \int[1-\alpha(r,y)]g(y|r)dy, h \to 0 \end{aligned}$$

因此我们有: $K(r,s) = \alpha(r,s)g(s|r) + I(r=s)\int[1-\alpha(r,y)]g(y|r)dy$, 从而对 r = s 时, 方程成立。对任意 $r \neq s$ 时有:

$$\begin{aligned} K(r,s)f(r) &= \alpha(r,s)g(s|r) = \min\left(1, \dfrac{f(s)g(r|s)}{f(r)g(s|r)}\right)g(s|r)f(r) \\ &= \min\{g(s|r)f(r), f(s)g(r|s)\} = \alpha(s,r)g(r|s)f(s) \\ &= K(s,r)f(s) \end{aligned}$$

因此, f 满足平衡方程, 从而 f 为平稳分布。

四、单一组成 MH 算法

当状态空间为多维时,不整体更新 X_t,而是对其分量进行逐个更新,即称为单一组成 MH 算法(Single-component Metropolis Hastings Algorithms)。这样做更方便和更有效率。记:

$$X_t = (X_{t,1}, \cdots, X_{t,k})$$
$$X_{t,-i} = (X_{t,1}, \cdots, X_{t,i-1}, X_{t,i+1}, \cdots, X_{t,k})$$

分别表示在第 t 步链的状态,以及在第 t 步除第 i 个分量外其他分量的状态。$f(x) = f(x_1, \cdots, x_k)$ 为目标分布,$f(x_i | x_{-i}) = \dfrac{f(x)}{\int f(x_1, \cdots, x_k) dx_i}$ 表示 x_i 对其他分量的条件密度。

则逐分量的 MH 算法更新 X_t 是由 k 步构成:令 $X_{t,i}$ 表示在第 t 次迭代后 X_t 第 i 个分量的状态,则在第 t+1 步迭代的第 i 步中,使用 MH 算法更新 $X_{t,i}$。做法如下,对 $i=1, \cdots, k$,从第 i 个提议分布 $q_i(\cdot | X_{t,i}, X_{t,-i}^*)$ 中产生 Y_i,这里,$X_{t,-i}^* = (X_{t+1,i-1}, X_{t,i+1}, \cdots, X_{t,k})$,然后以概率 $\alpha(X_{t,-i}^*, X_{t,i}, Y_i) = \min\left\{1, \dfrac{f(Y_i | X_{t,-i}^*) \; q(X_{t,i}^* | Y_i, X_{t,-i}^*)}{f(X_{t,i} | X_{t,-i}^*) \; q(Y_i | X_{t,i}, X_{t,-i}^*)}\right\}$

若 Y_i 被接受,则令 $X_{t+1,i} = Y_i$;否则令 $X_{t+1,i} = X_{t,i}$。

第三节 中国商业银行操作风险损失分布:贝叶斯 MCMC 频率实证分析

一、操作风险损失分布的甄选

我们假定操作风险损失服从正态分布、对数正态分布、广义极值分布、泊松分布中的某一种分布,四种分布的分布函数形式分别如下所述。

正态分布（N(μ, σ)）：随机变量 X 服从正态分布，记为 X ~ N(μ, σ)，概率密度函数表示为：$f(x) = \frac{1}{\sqrt{2\pi\sigma^2}} \exp\left(-\frac{(x-\mu)^2}{2\sigma^2}\right)$，$\sigma^2 > 0$，$\mu \in R$，$x \in R$；期望、方差分别表示为：$E[X] = \mu$，$Var[X] = \sigma^2$。

对数正态分布（LN(μ, σ)）：随机变量 X 服从对数正态分布，记为 X ~ LN(μ, σ)，概率密度函数表示为：$f(x) = \frac{1}{\sqrt{2\pi\sigma^2}} \exp\left(-\frac{(\ln(x)-\mu)^2}{2\sigma^2}\right)$，$\sigma^2 > 0$，$\mu \in R$，$x > 0$；期望、方差分别表示为：$E[X] = e^{\mu + \frac{1}{2}\sigma^2}$，$Var[X] = e^{2\mu + \sigma^2}(e^{\sigma^2} - 1)$。

泊松分布（P(λ)）：随机变量 X 服从泊松分布，记为 X ~ P(λ)，概率密度函数表示为：$Pr(N = k) = \frac{\lambda^k}{k!} e^{-\lambda}$，$\lambda > 0$，$k \in \{0, 1, 2, \cdots\}$；期望、方差分别表示为：$E[N] = \lambda$，$Var[N] = \lambda$。

广义极值分布（GEV(μ, σ, ξ)），随机变量 X 服从广义极值分布，记为 X ~ GEV(μ, σ, ξ)，概率密度函数表示为：$f(x) = \frac{1}{\sigma} t(x)^{\xi+1} e^{-t(x)}$ 其中：

$$t(x) = \begin{cases} \left(1 + \xi\left(\frac{x-\mu}{\sigma}\right)\right)^{-1/\xi} & \text{if } \xi \neq 0 \\ e^{-(x-\mu)/\sigma} & \text{if } \xi = 0 \end{cases}, \quad \mu \in R, \sigma > 0, \xi \in R;$$

期望、方差分别为：$E[X] = \mu - \frac{\sigma}{\xi} + \frac{\sigma}{\xi} g_1$，$Var[X] = \frac{\sigma^2}{\xi^2}(g_2 - g_1^2)$。

利用以上分布函数，对中国 1994~2020 年 6 月商业银行操作风险损失数据进行拟合，数据拟合结果如图 4-7 所示。图 4-7 表示，广义极值分布（GEV）能较好地拟合中国银行业操作风险损失[①]。

二、操作损失分布的检验

（一）泊松分布的检验

对泊松分布的检验基于柯尔莫可洛夫—斯米洛夫拟合优度（Kolmogorov-

[①] 由于泊松分布考虑到需要对 λ 的估计，因此，我们单独对泊松分布进行检验。

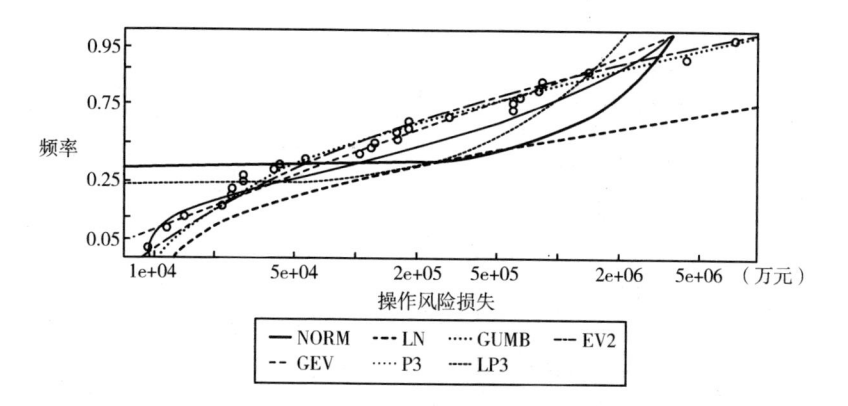

图 4-7 正态分布、对数正态分布、广义极值分布对操作风险的拟合

Smirnov goodness-of-fit，K-S）假设检验方法。原假设 H0：中国商业银行操作风险损失分布服从泊松分布；备择假设：中国商业银行操作风险损失分布不服从泊松分布。K-S 检验是随机变量 X 是否服从已假设的分布。当 H = 0 则接受原假设；当 H = 1 则拒绝原假设，接受备择假设。对泊松分布的检验见表 4-1。表 4-1 显示，中国商业银行操作风险损失分布不服从泊松分布。另外，中国商业银行操作风险损失累积分布不支持中国商业银行操作风险损失数据服从泊松分布，见图 4-8。从图 4-8 可以看出，对操作风险损失金额的经验分布与泊松分布完全不相关。因此，我们认为在有限数据的情况下，中国商业银行操作风险损失分布不适合采用泊松分布。

表 4-1　　　　　　　　　　对泊松分布的检验

	$\lambda = 1.5$	$\lambda = 2.5$	$\lambda = 5$	$\lambda = 10$	$\lambda = 20$	$\lambda = \text{mean}(x)$
H	1	1	1	1	1	1
P	1.797e-014	1.797e-014	1.797e-014	1.797e-014	1.797e-014	2.048e-009

注：P 表示概率。

（二）AIC、BIC 判别

图 4-7 表明，从广义极值分布（GEV）对操作风险损失有较好的拟合。从赤池信息量（AIC）、贝叶斯信息度量（BIC）判断标准看，与正态分布（NORM）、对数正态（LN）分布相比，广义极值分布（GEV）更好，见表 4-2。

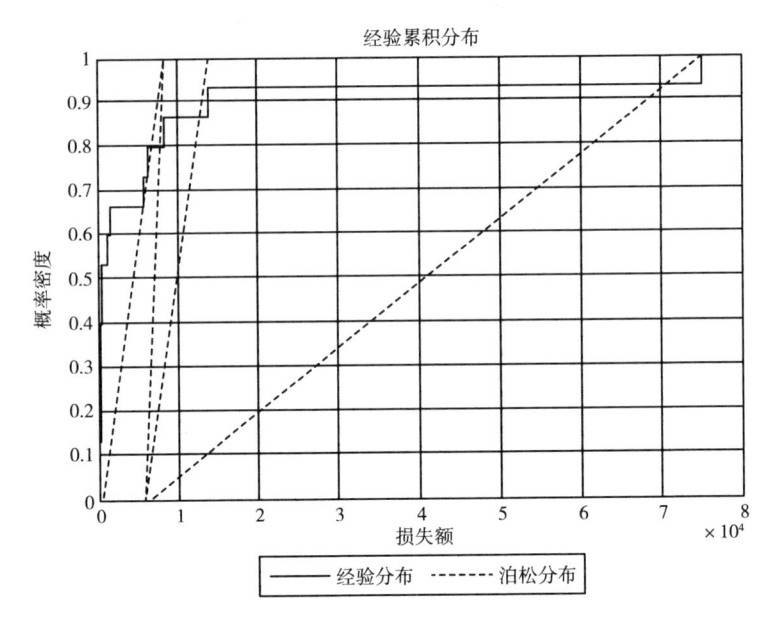

图 4-8　商业银行操作风险损失分布的经验累积分布与泊松分布比较

表 4-2　NORM、LN、GEV 的 AIC、BIC 判别

	正态分布（NORM）	对数正态分布（LN）	广义极值分布（GEV）
赤池信息量（AIC）	851.3	749.4	763.7
贝叶斯信息度量（BIC）	853.9	752.0	767.6

根据上面的分析，中国商业银行操作风险损失分布较符合 GEV 分布，然而由于操作风险损失具有低频率、高损失的特点，操作风险损失数据在中国收集较困难，大部分学者操作风险损失数据基于媒体报道的资料。因此，从收集媒体报道的数据模拟操作风险损失分布具有不可靠性。为了更好地捕捉操作风险损失分布的准确性，我们采用贝叶斯蒙特卡洛模拟（MCMC）频率方法。

（三）贝叶斯 MCMC 频率分析

基于 1994～2020 年 6 月收集的操作风险数据，我们采用贝叶斯 MCMC 频率方法分析 GEV 分布是否符合中国商业银行操作风险损失分布。在贝叶斯 MC-MC 频率分析中，我们迭代的次数为 10000 次，得到了相应的后验分布参数、后验分布图及模拟的参数方差（part1、part2、part3）（见图4-9）。从图4-9可以看出，对于模拟出的参数分布图符合厚尾部分布特征，并且随着模拟次数的增加，参数间的方差逐渐减小。

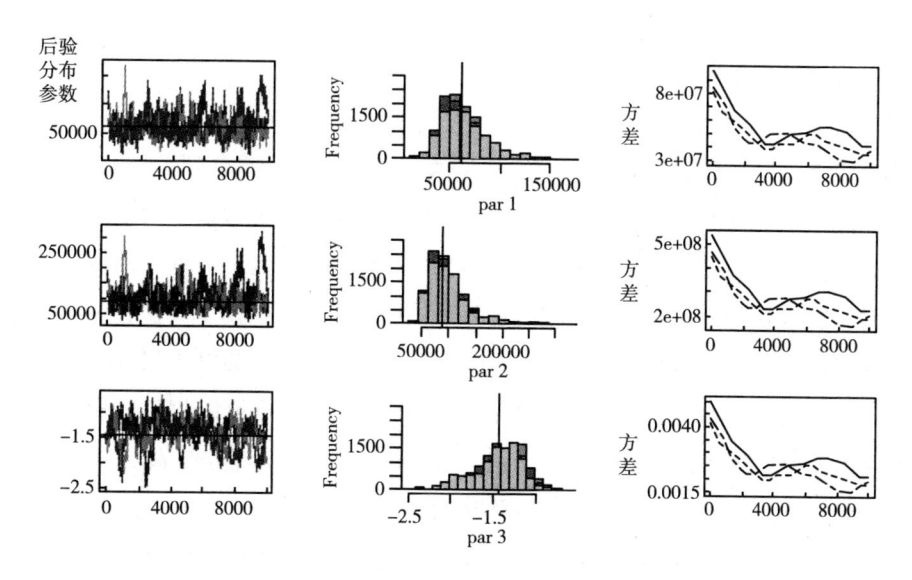

图4-9 贝叶斯MCMC模拟的分布

在贝叶斯MCMC频率分析中，我们检验了MCMC的可接受率（见图4-10）。结果表示随着模拟次数的增加，接受比率逐渐增加。

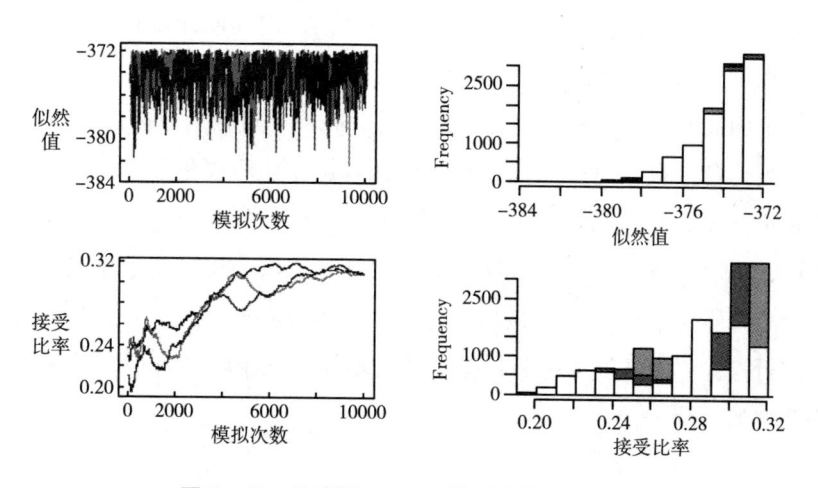

图4-10 贝叶斯MCMC接受比率和似然值

第四节 本章小结

从统计学角度看，试验主体在看待某一类事件时常常忽略一过程事件发生的概率分布而把一些代表性事件或典型事件看作试验的趋势，所以为了避免监管者犯同样的错误，我们有必要测算中国商业银行操作风险的分布。

基于中国商业银行 1994~2020 年 6 月操作风险损失数据，我们分析了操作风险损失在银行业间的分布情况，具体体现在以下四个方面：首先，从总体看，2001~2005 年是中国商业银行操作风险损失高峰期。其次，从各银行操作风险损失案件看，1994~2020 年 6 月间，中国银行共发生操作风险损失事件 43 起，损失共计 142.88 亿元；中国建设银行操作风险损失事件 35 起，损失共计 25.84 亿元；中国工商银行操作风险损失事件 39 起，损失共计 37.94 亿元；中国农业银行发生操作风险损失事件 43 起，损失共计 445.17 亿元；光大、民生、华夏、中信银行操作风险损失事件共 35 起，损失累计 82.31 亿元；浦发、兴业、地方商业银行及信用社操作分析损失事件共 74 起，损失累计 133.27 亿元。再次，从操作风险损失业务部门看，操作风险损失事件发生最多是零售银行业部门，损失金额最大的在商业银行业务部门。最后，从操作风险损失类型，操作风险易发生在内部欺诈案件中，而操作风险损失额最大的在客户、产品以及商业行为类型上。

对中国商业银行操作损失分布的检验，我们通过三个方面来分析。首先，通过数据拟合来看，GEV 分布能较好地拟合操作风险损失分布，另外通过赤池信息量（AIC）、贝叶斯信息度量（BIC）检验，与正态分布、对数正态分布相比，GEV 分布较理想。其次，通过实证检验看，中国商业银行操作风险损失分布不服从泊松分布。最后，通过贝叶斯 MCMC 方法对 GEV 分布的可靠性进行检验，我们发现随着模拟次数的增加，操作风险的 GEV 分布的可靠性逐渐增加。

第五章 中国商业银行操作风险损失分布的拟合与诊断

——基于极值理论的实证分析

从第四章对中国商业银行操作风险损失分布的分析中获知，中国商业银行操作风险损失呈厚尾部分布特征，且服从广义极值（GEV）分布。为了对中国商业银行操作风险损失进行估计，本章将在前文所证实的中国商业银行操作风险损失分布服从 GEV 分布的特征下，建立以基于 GEV 分布极值理论为基础的模型模拟中国商业银行操作风险损失。鉴于在特定情况下，广义帕累托（GPD）分布可转化为 GEV 分布，因此本章检验了中国商业银行操作风险损失分布是否符合 GPD 分布并对操作风险损失的 GPD 分布进行了诊断。

第一节 引言

目前，针对中国商业银行操作风险的度量方法及研究成果较多，但因操作风险损失数据的缺失可能引起对中国商业银行操作风险度量的偏差。基于操作风险的厚尾部特征，本章采用极值理论模拟了中国商业银行操作风险，并通过对模拟结果进行诊断，以确保模拟结果的准确性。

关于极值理论的讨论最早可追溯到 1824 年，傅里叶（Fourier）的研究表明，偏离正态分布均值二个标准差的平方根的 3 倍的概率大约为五万分之一。可以说，傅里叶研究思想体现了最大值、最小值偏离均值的关系，并且给出了收敛概率，体现了极值理论的雏形。近代关于极值理论的研究始于 1922

年,波特凯维茨(Bortkiewicz)对正态分布的样本极差问题的研究表明,来自正态分布的样本最大值是一个新的随机变量,具有新的分布特征。第二年,米泽斯(Mises)研究了样本最大值的期望,从此拉开了对样本极值渐近分布研究的序幕。蒂皮特(Tippet,1925)计算了正态分布总体各种样本量的最大值及相应概率表、样本平均极差表。蒂皮特的研究拓展了正态分布在给定概率情况下的数值表,而弗雷歇(Fréchet)和费希尔(Fisher)后来的研究开拓了极值理论的雏形。弗雷歇(1927)对最大值渐近分布的研究指出,不同分布但有某种共同性质的最大值可以有相同的渐近分布,并提出了最大值稳定原理。费希尔和蒂皮特(1928)找到了弗雷歇分布,并且构造了另外二个渐近分布,即极值类型定理。费希尔和蒂皮特(1928)第一次描述了正态样本的最大值分布,指出收敛速度是极其缓慢的。在极值理论中,费希尔和蒂皮特(1928)的研究成果被认为是极值分布渐近原理的基础。

起初,对极值的研究只是限于讨论独立同分布随机变量的最大值或最小值的渐近性质,后来发展到研究极值分布的尾部特征并引入了某些特别适合于尾部的参数模型。操作风险损失分布就是这种呈厚尾部特征的分布形式,此外操作风险损失还表现出低频率、高损失的特征。对低频高损风险的研究,较理想的统计方法是基于在一时期内对每一个大的损失进行分析。极值理论是通过统计原理建立,分析特殊情形事件的方法和模型。因此,对操作风险损失采用极值理论为较好的选择。

在极值理论中,极值分布有三种类型,分别为耿贝尔(Gumbel)分布、弗雷歇(Fréchet)分布、韦布尔(Weibull)分布。三种极值分布类型皆依概率收敛,可以说,极限类型定理具有类似于中心极限定理的极值收敛特征。从统计学角度,科茨和纳达拉贾(Kotz & Nadarajah,2000)分别介绍单一极值、广义极值及多元极值分布,科尔斯(Coles,2001)在极值分布基础上介绍了极值统计建模方法。

极值理论广泛应用于数学工程、环境及风险管理中。麦克尼尔(McNeil,1999)提供了在风险管理中应用EVT理论的框架,强调阈顶点(POT)模型的度量风险的作用。恩布雷希茨等(Embrechts et al.,1999)较系统地介绍了极值理论,确立了极值的统计模型,并把极值理论应用到保险和金融中。在金融市场中，操作风险中的极端事件所引起的严重后果引起其管理机构及相关部门的高度关注。自20世纪80年代末以来，操作风险损失单笔超过1亿美元的多达100余个案例，操作损失达10亿美元的案例也有不少（Chernobai et al.，2007），操作风险这种高危性引起了金融机构的高度重视。古里耶等（Gourier et al.，2009）用极值理论度量操作风险这种厚尾部特征模型，研究结果表明，VaR作为风险度量方法可能会错误地估计资本金要求。

在极值理论对中国商业银行操作风险的度量方面，国内学者的研究相对较晚。在宋加山（2008）用极值理论度量我国商业操作风险中，引入变点理论选取阈值，实证分析表明，通过变点方法确定的阈值相对更稳定。钱艺平（2009）基于极值理论度量操作风险VaR模型。刘睿、詹原瑞、刘家鹏（2007）借助POT模型，基于吉布斯抽样的贝叶斯MCMC方法，对中国商业银行的内部欺诈风险进行了估计，并估计了相应的经济资本。

国内学者对中国商业银行操作风险方面的研究具有一定的前瞻性，特别是在基于极值理论建立操作风险计量模型方面。不过也有不足之处，即在度量操作风险时，国内学者普遍缺乏对中国商业银行操作风险分布的进一步了解。本书用极值理论模拟中国商业银行操作风险，并对以上模拟进行诊断，以检验用极值理论度量操作风险是否可行。

第二节 极值理论

统计上，对极值的分析主要有两种方法：第一种用传统的统计技术，通过数据拟合模型，并且从模型中模拟数据，观测极值分位点的典型特征；第二种是通过数据拟合极值分布。对于中国商业银行操作风险模拟，我们采用第二种方法。第二种方法又可分为区组（block maxima）和超阈值两种模型，两种模型所对应的分别为广义极值分布（Generalized Extreme Value Distribution，GEV）和广义帕累托分布（Genralized Pareto Distribution，GPD）。

一、广义极值分布理论推导

从统计上表示看,模型表述为:

$$M_n = \max\{X_1, \cdots, X_n\}$$

$X_1, \cdots, X_n$,是一系列独立的随机变量,共同分布函数 F。应用上,X_i 通常表示特定时间维度测量值系列,M_n 表示超过 n 个观测值的极大值系列。理论上,M_n 分布可从 n 个值中准确推导出:

$$\begin{aligned}\Pr\{M_n \leq z\} &= \Pr\{X_1 \leq z, \cdots, X_n \leq z\} \\ &= \Pr\{X_1 \leq z\} \times \cdots \times \Pr\{X_n \leq z\} \\ &= \{F(z)\}^n \end{aligned} \quad (5-1)$$

然而,因 F 的分布未知,以上方法在实践中不能立即使用。式 (5-1) 估计有两种方法,方法之一便是通过标准统计技术用已知数据去测度 F 分布,然后代入式 (5-1)。另外一种方法则假设 F 分布未知,可仅依据极值数据近似估计 F^n。第二种分析方法借助于中心极限理论。

我们考察当 n→∞ 时,F^n 情况。对于任何 $z < z_+$,当 n→∞,$F^n(z) \to 0$,因此 M_n 退化为在 z_+ 上的一个点集合,z_+ 表示分布 F 支撑的上端点。这种退化分布没有任何异样,因此我们不直接探讨最大值的渐近分布。通过对 n 个随机变量最大值 M_n 的规范化变换可处理 n 个随机变量之和的中心极限定理问题,从而达到了解最大值分布的性质。通过线性标准化方法可得到规范化变量 M_n,计算方法如下:

$$M_n^* = \frac{M_n - b_n}{a_n}$$

其中,a_n,b_n 为常数系列,且 $\{a_n > 0\}$。

二、广义极值分布类型

统计上,对极值的分析主要有两种方法,第一种用传统的统计技术,通过数据拟合模型,并且从模型中模拟数据,观测极值分位点的典型特征;第二种是通过数据拟合极值分布。对于中国商业银行操作风险模拟,我们采用第二种方法。第二种方法又可分为区组(Block Maxima)和超阈值两种模型,两种模型所对应的分别为广义极值分布和广义帕累托分布。为了分析问题的需要,我们用选用区组模型,该模型对应的分布为广义极值分布。

关于极值分布相关理论可参见科茨和纳达拉贾(Kotz and Nadarajah,2000)、科尔斯(Coles,2001)。

定理5.1(极限类型定理)如果存在常数序列 $\{a_n > 0\}$ 和 $\{b_n\}$,满足当 $n \to \infty$ 时,

$$\Pr\{(M_n - b_n)/a_n \leq z\} \to G(z)$$

G 是非退化分布函数,那么 G 必然属于下列三种类型之一:

Ⅰ:$G(z) = \exp\left\{-\exp\left[-\left(\dfrac{z-b}{a}\right)\right]\right\}$, $-\infty < z < \infty$;

Ⅱ:$G(z) = \begin{cases} 0, & \text{当} z \leq b; \\ \exp\left\{-\left(\dfrac{z-b}{a}\right)^{-\alpha}\right\}, & \text{当} z > b; \end{cases}$

Ⅲ:$G(z) = \begin{cases} \exp\left\{-\left[-\left(\dfrac{z-b}{a}\right)^{\alpha}\right]\right\}, & \text{当} z < b; \\ 1, & \text{当} z \geq b。 \end{cases}$

以上参数 $a > 0$,在第Ⅱ和第Ⅲ类型中,要求 $\alpha > 0$。以上Ⅰ、Ⅱ、Ⅲ三种类型分布分别为 Gumbel 分布、Fréchet 分布、Weibull 分布,这三种分布统称极值分布。

极值类型定理说明,如果 M_n 经线性变换后,对应的规范化变量 M_n 依分布收敛于某一非退化分布,那么可推理,无论分布 F 为何种形式,这个极限分布必定属于极值分布的三种类型之一。因此,极限类型定理提供了类似于中心极限定理的极值收敛定理。

F 函数分布的不同尾部特征对应于三种不同的分布形式。同样,可理解为 G 在 z_+ 上的极限分布。对于 Weibull 分布,在 z_+ 点是有限上的端点,而 Fréchet 分布和 Gumbel 分布在 z_+ 为 ∞,即 $z_+ = \infty$。然而,对于 Gumbel 分布,G 的密度函数呈指数趋势下降,Fréchet 分布中的 G 的密度函数呈多项式下

降。在实践中,三种不同的极值类型代表不同的极值分布。

如果引进位置参数(location parameter)μ和尺度参数(scale parameter)σ,则三种类型的极值分布函数为:

$$\mathrm{I}: G(z) = \exp\left\{-\exp\left[-\left(\frac{z-\mu}{\sigma}\right)\right]\right\}, \quad -\infty < z < \infty;$$

$$\mathrm{II}: G(z) = \begin{cases} 0, & \text{当} z \leq \mu \\ \exp\left\{-\left(\frac{z-\mu}{\sigma}\right)^{-\alpha}\right\}, & \text{当} z > \mu \end{cases}, \quad \alpha > 0;$$

$$\mathrm{III}: G(z) = \begin{cases} \exp\left\{-\left[-\left(\frac{z-\mu}{\sigma}\right)^{\alpha}\right]\right\}, & \text{当} z < \mu \\ 1, & \text{当} z \geq \mu \end{cases}, \quad \alpha > 0。$$

这三种分布代表了三种不同的极值行为,但我们可以用统一的形式表示,即:

$$G(z) = \exp\left\{-\left[1+\xi\left(\frac{z-\mu}{\sigma}\right)\right]^{-1/\xi}\right\} \qquad (5-2)$$

其中,$1+\xi\left(\frac{z-\mu}{\sigma}\right) > 0$,$\mu \in \mathbb{R}$位置参数,$\sigma > 0$是尺度参数,$\xi \in \mathbb{R}$是形态参数。称G为广义极值分布(Generalised Extreme Value Distributions),简记为GEV。当$\xi > 0$、$\xi < 0$分别为极值分布的第Ⅱ类型和第Ⅲ类型。当$\xi = 0$,极值分布为Gumbel分布。可见,极值分布的类型完全由形状参数来确定,与位置参数和尺度参数无关。通过推断ξ,数据本身可确定其最恰当的尾部特征,而不必对极值分布的哪种类型作出先验性判断。更重要的是,由于ξ的不确定性,即使在数据给定情况下,也无法准确地度量三种类型的极值分布哪种更恰当。

将三种极值分布类型统一成一种分布,有利于统计分析。通过对形状参数ξ的推断,可确定恰当的极值分布类型。为方便,重述修正后的定理5.1。

定理5.1.1:如果存在常数序列$\{a_n > 0\}$和$\{b_n\}$,满足当$n \to \infty$时,

$$\Pr\{(M_n - b_n)/a_n \leq z\} \to G(z)$$

那么非退化分布G是定义在$\{z: 1+\xi(z-\mu)/\sigma > 0\}$上的GEV分布,$-\infty < \mu < \infty$,$\sigma > 0$,$-\infty < \xi < \infty$。

$$G(z) = \exp\left\{-\left[1+\xi\left(\frac{z-\mu}{\sigma}\right)\right]^{-1/\xi}\right\}$$

观测值 Z_1, Z_2, …, 数据序列 n 个观测值为一组，在 n 个序列中，大的数值 $M_{n,1}$, …, $M_{n,m}$ 构成区组序列，满足 GEV 条件。根据式（5-2），可得极值分布的分位数为：

$$z_p = \begin{cases} \mu - \dfrac{\sigma}{\xi}[1-\{-\log(1-p)\}^{-\xi}], & \text{当 } \xi \neq 0; \\ \mu - \sigma\log\{-\log(1-p)\}, & \text{当 } \xi = 0 \end{cases} \quad (5-3)$$

$G(z_p) = 1-p$。z_p 为重现水平，$1/p$ 为重现期。确切地说，z_p 表示在某一时期内以概率 p 超过最大值。

三、GEV 分布的参数估计方法

极值分布参数估计主要采用极大似然估计方法。对模型的合理性进行一系列诊断，主要要 K-S 方法、分位图、概率图、密度函数图、重现水平等方法，K-S 方法过于简单，精确性及可靠性不如分位图、概率图、密度函数图及重现方法。

根据式（5-2），采用极大似然法可推导出 GEV 的密度函数为：

$$g(x;\mu,\sigma,\xi) = \frac{1}{\sigma}\left[1+\xi\left(\frac{z-\mu}{\sigma}\right)\right]^{(-1/\xi)-1}\exp\left\{-\left[1+\xi\left(\frac{z-\mu}{\sigma}\right)\right]^{-1/\xi}\right\}$$

假定 Z_1, …, Z_m 是服从 GEV 分布的独立随机变量，当 $\xi \neq 0$ 时，GEV 分布的对数似然函数为：

$$\ell(\mu,\sigma,\xi) = -m\log\sigma - (1+1/\xi)\sum_{i=1}^{m}\log\left[1+\xi\left(\frac{z_i-\mu}{\sigma}\right)\right] - \sum_{i=1}^{m}\left[1+\xi\left(\frac{z_i-\mu}{\sigma}\right)\right]^{-1/\xi}$$

这里要求 $1+\xi\left(\dfrac{x_i-u}{\sigma}\right) > 0$, $i=1, …, m$. 否则似然函数值为零，对应的对数似然函数值为 $-\infty$。当 $\xi = 0$ 时，GEV 极限分布可采用 Gumbel，对应的

似然函数可表示为：

$$\ell(\mu,\sigma,\xi) = -m\log\sigma - \sum_{i=1}^{m}\left(\frac{z_i-\mu}{\sigma}\right) - \sum_{i=1}^{m}\exp\left\{-\left(\frac{z_i-\mu}{\sigma}\right)\right\}$$

将上述两个似然函数关于参数向量（μ，σ，ξ）最大化，得到 GEV 分布的极大似然估计。尽管上述方程不存在解析解，但对给定的数据，用数值算法可得到极大似然估计值，注意这里要求似然函数始终成立。

有了参数的估计值后，就可以进一步估计分位数。对于 $0 < p < 1$，重现期为 $1/p$ 的分位数 $\hat{z}_p$ 的极大似然估计为：

$$\hat{z}_p = \begin{cases} \mu - \dfrac{\hat{\sigma}}{\hat{\xi}}[1 - y_p^{-\hat{\xi}}], & \text{当 } \hat{\xi} \neq 0; \\ \mu - \hat{\sigma}\log y_p, & \text{当 } \hat{\xi} = 0 \end{cases}$$

$y_p = -\log(1-p)$。通过变量增量的方法，

$$\text{Var}(\hat{z}_p) \approx \nabla z_p^T V \nabla z_p$$

V 是（$\hat{\mu}$，$\hat{\sigma}$，$\hat{\xi}$）方差-协方差矩阵，通过 ∇z_p^T 可计算（$\hat{\mu}$，$\hat{\sigma}$，$\hat{\xi}$）的值。

$$\nabla z_p^T = \left[\frac{\partial z_p}{\partial \mu}, \frac{\partial z_p}{\partial \sigma}, \frac{\partial z_p}{\partial \xi}\right]$$

$$= [1, -\xi^{-1}(1-y_p^{-\xi}), \sigma\xi^{-2}(1-y_p^{-\xi}) - \sigma\xi^{-1}y_p^{-\xi}\log y_p]$$

如果 $\hat{\xi} < 0$，同样可在分布的向上端点作出推断，仍为有效的无限重现期，此时相应的 z_p 为 $p = 0$ 的情形。在上述情况下，z_p 的极大似然估计为 $\hat{z}_0 = \hat{\mu} - \hat{\sigma}/\hat{\xi}$，$\text{Var}(\hat{z}_p)$ 仍然有效，可通过 $\nabla z_0^T = [1, -\xi^{-1}, \sigma\xi^{-2}]$ 计算（$\hat{\mu}$，$\hat{\sigma}$，$\hat{\xi}$）的值。当 $\hat{\xi} \geq 0$ 时，向上端点的极大似然估计是无限的。

四、广义帕累托分布

GEV 是在区组模型随机变量服从 IID 分布的基础上而建立的，经典的区组模型不能充分利用数据中包含的极值信息，为考虑超过阈值 u 的那些观测

值，可用超阈值分布或超出量分布函数来描述。POT 模型能够有效分析超过阈值 u 以上的观测值特征。基于 POT 模型的极值分布函数称为广义帕累托分布（GPD）。

GPD 分布函数记为 GPD(ξ, β)，随机变量 Z 的 GPD 分布记为 Z ~ GPD(ξ, β)。

定义 如果随机变量 Z 的分布函数表示为：

$$G(z;\mu,\sigma,\xi) = 1 - \left(1 + \xi \frac{z-\mu}{\sigma}\right)^{-1/\xi}$$

$z \geq \mu$，$1 + \xi \frac{z-\mu}{\sigma} > 0$，则称 Z 服从广义帕累托分布（GPD），其中 $\mu \in \mathbb{R}$ 位置参数，$\sigma > 0$ 是尺度参数，$\xi \in \mathbb{R}$ 是形态参数。当 $\xi = 0$ 时，GPD 对应于指数分布 $1 - \exp\left(-\frac{z}{\beta}\right)$；$\mu = 0$ 时称为标准 GPD 模型。

GPD 的密度函数为：

$$g(z;\mu,\sigma,\xi) = \frac{1}{\sigma}\left(1 + \xi \frac{z-\mu}{\sigma}\right)^{-1/\xi - 1}, z \geq \mu, 1 + \xi \frac{z-\mu}{\sigma} > 0$$

给定已超过高阈值的情况下，广义帕累托分布说明了随机变量超过高阈值的概率。理论上讲，如果超过阈值部分服从 IID 分布，则 GPD 分布可呈现对称分布。

赖斯和托马斯（Reiss and Thomas，1997）指出，根据 Pickands-Balkema-deHaan 极限理论，只有当样本超出均值为正线性相关且满足 Fisher-Tippett 定理，GPD 近似 GEV。

科尔斯（Coles，2001）对 GEV 与 GPD 分布研究表明，阈值超出量的 GPD 分布的参数由阈值超出量所对应的 GEV 分布的区组模型决定。特别地，ξ 参数值在 GPD 分布与 GEV 分布中一致。区组模型中区组取不同值，较大的区组值会影响 GEV 分布中的各个参数，但不会影响 GPD 分布中的参数。GEV 和 GPD 分布之间的关系意味着，形态参数 ξ 是决定 GEV 分布和 GPD 分布性质的主要因素，即如果 $\xi < 0$，超出量分布有上限 $u - \frac{\bar{\sigma}}{\xi}$；如果 $\xi > 0$，分布没有上限。

第三节 中国商业银行操作风险损失 GEV 诊断与参数估计

一、数据来源

国内操作风险损失数据的收集主要来自媒体的报道。本书 1994~2008 年的操作风险损失数据来源于钱艺平博士论文中有关中国商业银行操作风险损失数据，2009~2020 年 6 月数据来源于裁判文书网（http://openlaw.cn）等网站。该数据主要收集了 1994~2020 年 6 月各大银行操作风险损失事件及损失发生额。

二、参数估计与诊断

通过极大似然估计方法得到的中国商业银行操作风险的极值分布参数见表 5-1。表 5-1 显示，中国商业银行操作风险极值分布的位置参数、尺度参数、形态参数分别为 717.61、78119.4 和 1.72。以上结果符合厚尾部特征的极值分布形态。

表 5-1　　　　　中国商业银行操作风险 GEV 参数估计

参数	估计	标准差
位置参数（μ）	717.61	134.69
尺度参数（σ）	78119.4	5353.1
形态参数（ξ）	1.72	0.33

负对数似然值：371.4

中国商业银行操作风险损失的概率和分位数图已证明 GEV 分布的合理性，如图 5-1 所示。图 5-1 中的概率图（P-P）图和分位数图（Q-Q 图）中所用点几乎都在一条直线上，因此，概率图（P-P）图和分位数图（Q-Q 图）都不能拒绝所拟合的模型。另外，由于 ξ 的估计值接近于极小值，所用重现水平曲线应渐近地趋向于某个有限值；因 ξ 的估计值接近于极小值，估计的重现水平曲线还应近似为线性。可见，重现水平曲线也证明了中国商业银行操作风险可用 GEV 模型拟合。最后，密度曲线的估计与直方图也吻合。因此，四个诊断图都支持拟合的 GEV 模型。

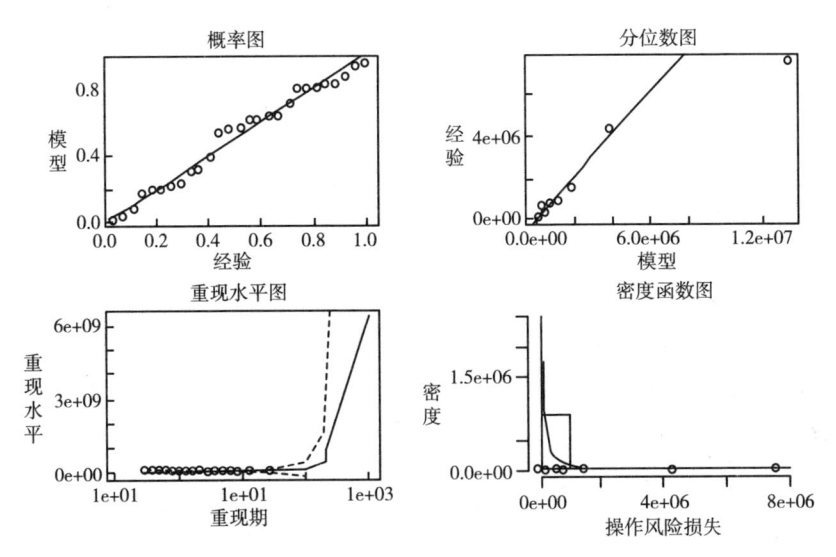

图 5−1　中国商业银行操作风险 GEV 拟合诊断

由轮廓似然估计可得到更精确的重现水平估计。图 5−2 左边、右边分别表示 5 天期和 10 天期重现水平的轮廓似然函数曲线，横直线表示为 95% 的置信区间。由图 5−2 可知，5 天重现水平 $\xi_{0.95}$ 的精确置信区间 [20065, 52190]，大部分位于 20000 以上区间；10 天重现水平 $\xi_{0.95}$ 的精确置信区间 [65500, 100000]，大部分位于 65000 以上区间。以 95% 超过极值的重现水平可得到，未来 5 天内中国商业银行发生操作风险损失极值为 52190 万元，未来 10 天发生操作风险极值为 100000 万元。

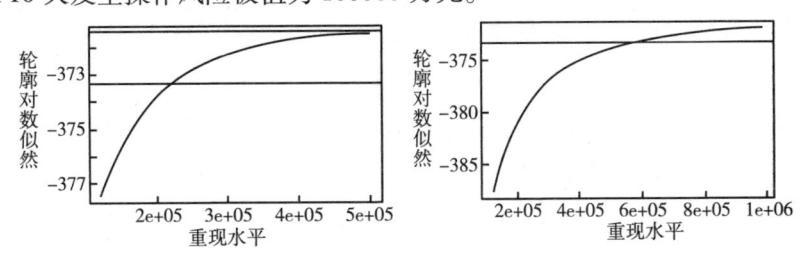

图 5−2　中国商业银行操作风险损失 5 天和 10 天的重现水平

图 5-3 给出了 ξ 的轮廓对数似然函数曲线，由此可得到 ξ 的 95% 的置信区间是 [1.08, 1.7]。

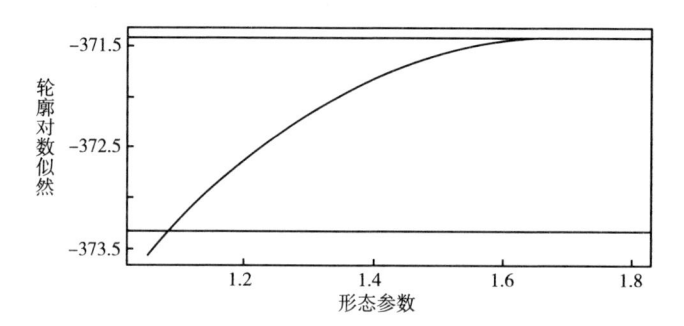

图 5-3 中国商业银行操作风险数据 ξ 的轮廓似然函数

对残差的概率图和分位图分析表明，如图 5-4 所示，由概率图（P-P）图和分位图（Q-Q 图）都不能拒绝所拟合的模型，因为所用点几乎都在一条直线上，残差比较稳定。

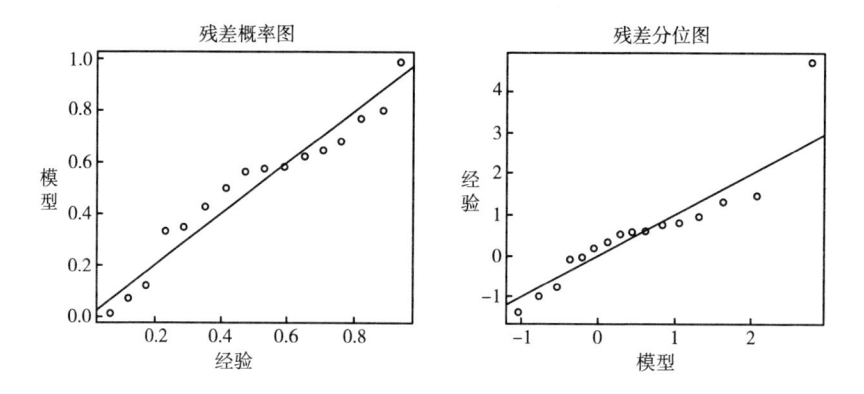

图 5-4 GEV 参数极大似然估计残差概率图及分位图

三、GEV 分布下模型参数估计：贝叶斯 MCMC 模拟

贝叶斯分析考虑了模型的不确定性（参数的随机性），因此得到的后验分布比经典统计方法得到的估计包含更多的信息。中国商业银行操作风险损失数据的缺失是引起 GEV 模型参数可能不准确的主要原因。为此，我们试图通过 MCMC 模拟检验 GEV 参数估计的准确性。

为了检验 GEV 参数极大似然估计值的准确性，我们根据现有数据，采用贝叶斯方法获得参数的后验分布，利用 MCMC 模拟得到参数的估计量。根据第三部分的检验可知，操作风险损失 $Z \sim \text{GEV}(\mu, \sigma, \xi)$，通过极大似然估计得到 GEV 参数 $\theta = (\mu, \sigma, \xi)$。采用贝叶斯方法，可根据中国商业银行操作风险损失得到后验分布 $f(\theta|x)$，基于后验分布理论，可得到：

$$\Pr(Z \leq z | x) = \int_\theta \Pr(Z \leq z | x) f(\theta | x) d\theta \qquad (5-4)$$

因此，式（5-4）给出了该过程下的中国商业银行操作风险分布，其中含有参数的不确定性和未来观测值的随机性。解方程：

$$\Pr(Z \leq z | x) = 1 - \frac{1}{m} \qquad (5-5)$$

可得到 m 期重现水平（即 $1 - \frac{1}{m}$ 分位数），这里包含了由于模型估计引起的不确定性。由于后验分布一般很复杂，即使数值迭代方法也很难计算式（5-4）。所以我们采用 MCMC 模拟方法估计后验分布就可以得到式（5-4）的估计值。

MCMC 模拟迭代次数为 5000 次，位置参数、尺度参数和形态参数的模拟结果分别见图 5-5、图 5-6 和图 5-7。从模拟结果来看，位置参数模拟结果在 713~719 区间内，与极大似然方法估计得到的位置参数值 717.61 一致；尺度参数模拟结果大部分分布在 80000 左右，与极大似然方法估计得到的尺

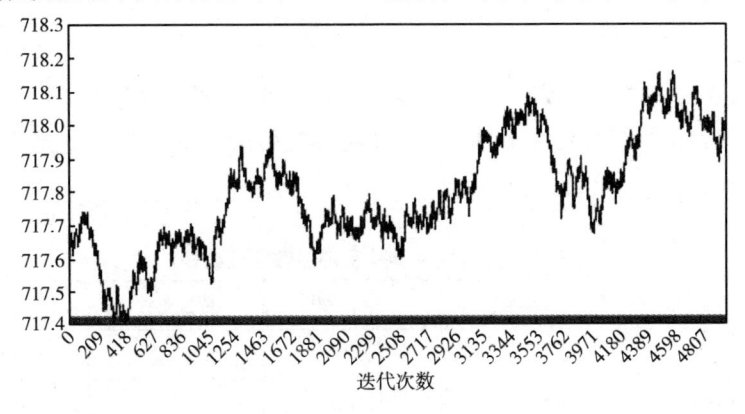

图 5-5　位置参数模拟

度参数值 78119.4 较一致；形态参数模拟结果大部分分布在 1.05~2.5，与极大似然估计方法得到形态参数值 1.72 较为一致。

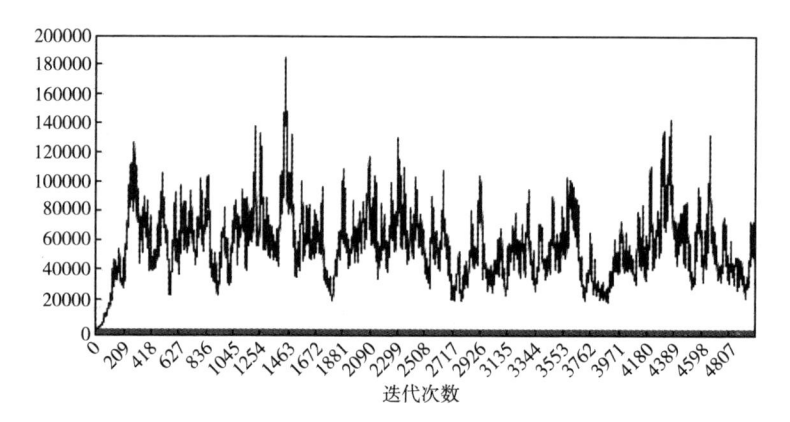

图 5-6 尺度参数模拟

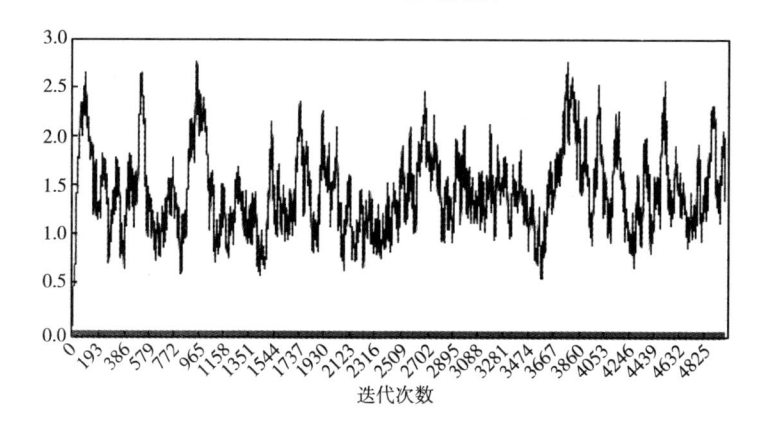

图 5-7 形态参数模拟

模型和各参数的检验显示（见表 5-2），在 MCMC 方法下，模型接受概率为 0.92，位置参数接受概率为 1，尺度参数接受概率为 0.91，形态参数接受概率为 1。

表 5-2　　　　　MCMC 模拟中模型及各参数接受概率

	形态参数	尺度参数	位置参数	模型
接受概率	1	0.92	0.91	0.94
拒绝概率	0.00	0.00	0.00	0.00

第四节　中国商业银行操作风险损失 GPD 分布诊断*

对于不同的阈值取值范围，学术上有两种不同的度量方法。对于充分高的阈值 u，超阈值分布收敛于 GPD(ξ,β) = x - u。对于随机变量 z，如果能对高于某阈值的超阈值的条件分布用 GPD 拟合，就可以对原分布的厚尾部情景进行拟合。对于低频率的极端损失而言，频率估计往往很难处理，POT 模型提供了有效的解决途径。依利德贝特（Leadbetter）等的证明，对于足够大的阈值 μ，超过 μ 的随机变量 z（以下称为超阈值数，z 的个数称为超阈值数量）序列逐渐收敛于一个强度为 $\lambda(\lambda > 0)$ 的泊松过程（刘睿、詹原瑞、刘家鹏，2007）。

对于任何 POT 模型分析而言，阈值的选择是至关重要的。阈值取值太高容易丢失数据，引起估计的方差偏高；阈值取值太低，易导致广义帕累托分布有偏。因此，实践中一般用图形工具来判别恰当的阈值。而阈值范围是一种比较流行的拟合 GPD 的方法。

除了阈值选择之外，阈值超出量独立是 GPD 重要的假设。在商业银行操作风险中，这种假设比较合理，因为某家银行操作风险的发生与其他商业银行无关。

选择阈值常用的方法是给出广义帕累托分布函数的平均超出量函数 e(u)：

$$e(u) = E(X - u \mid X > u) = \frac{\bar{\sigma}}{1-\xi} = \frac{\sigma + \xi u}{1-\xi}, u \in D(\sigma,\xi), \xi < 1$$

即 e(u) 是 u 的线性函数。对给定的样本 $X_1 \cdots, X_n$，定义样本平均超出量函数为：

$$e_n(u) = \frac{1}{N_u} \sum_{i \in \Delta_n(u)} (X_i - u), u > 0$$

---

* GPD 分布相关理论及诊断方法可参阅：史道济. 实用极值统计方法 [M]. 天津：天津科学技术出版社，2006。

这里 N_u 表示超出量个数。如果对某个阈值 u_0，超出量分布近似服从参数为 σ_{u_0}，ξ 的广义帕累托分布，则对于大于 u_0 的 u，样本平均超出量函数应该在一条直线附近波动。因此，可按照以下步骤选择阈值 u。

首先，定义点集合 $\{(u, e_n(u)): u < x_{1,n}\}$，即称为平均剩余寿命图。选择适当的 $u_0 > 0$ 作为阈值，使得 $e_n(u)$ 关于 $u \geq u_0$ 近似为线性。

其次，关注在某个值 u_0 以后 $e_n(u)$ 斜率的变化，如果能保持不变，这个点 u_0 通常可以作为阈值。

第二种选取阈值的方法是判断 u 值改变引起估计量的变化。在一个阈值取值范围内，利用超出量估计广义帕累托分布的参数 ξ 和 σ，若初始阈值 u_0 对应的超出量近似为广义帕累托分布，则对大于 u_0 的阈值，形态参数 ξ 的估计值应该保持不变。

本节关于阈值的选择基于第一种方法。本节的数据来源同上一节。图 5-8 是中国商业银行操作风险数据的平均剩余寿命图及相应的 95% 置信区间。由图 5-8 可见，从 u=0 到 u≈1000 图形近似为直线，u=160000 到 u≈190000 图形为曲线，超过 u=190000，图形急剧下降。这表明阈值应取 u=160000。

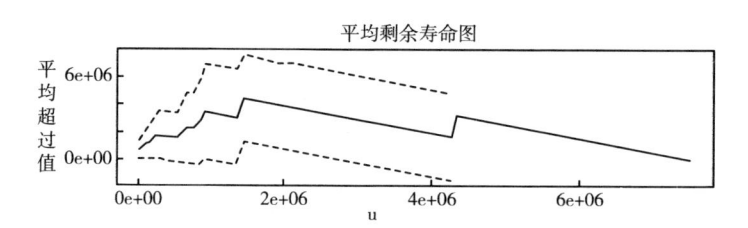

图 5-8 中国商业银行操作风险的平均剩余寿命图

图 5-9 是 $\hat{\sigma}$ 和 $\hat{\xi}$ 关于 u 的图像，对于 u 在 0~160000 的变化与平均剩余寿命图一致，相对于抽样误差而言，下图的扰动较小。因此，选取 u=160000 是合适的。此时，极大似然估计为 $(\hat{\sigma}, \hat{\xi}) = (157361.97, 1.23)$。

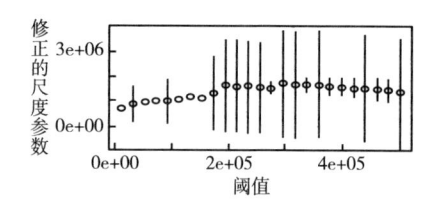

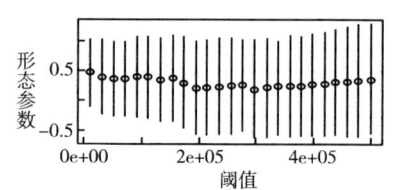

图 5-9 中国商业银行操作风险数据关于不同阈值的参数估计

从 ξ 的95%置信区间可以看出，ξ 几乎总为正，所以分布支撑上端点为无穷。因 $\hat{\xi}=1.23>0$，则在此主要关心高分位数或重现水平的估计。为了更准确地确定 ξ 的置信区间，我们引入轮廓似然函数。图 5-10 是 ξ 的轮廓似然函数，图 5-10 中得到 ξ 的95%置信区间为 [1.08，1.71]。这与前面得出的结果差别不大，但可说明 $\xi>0$。

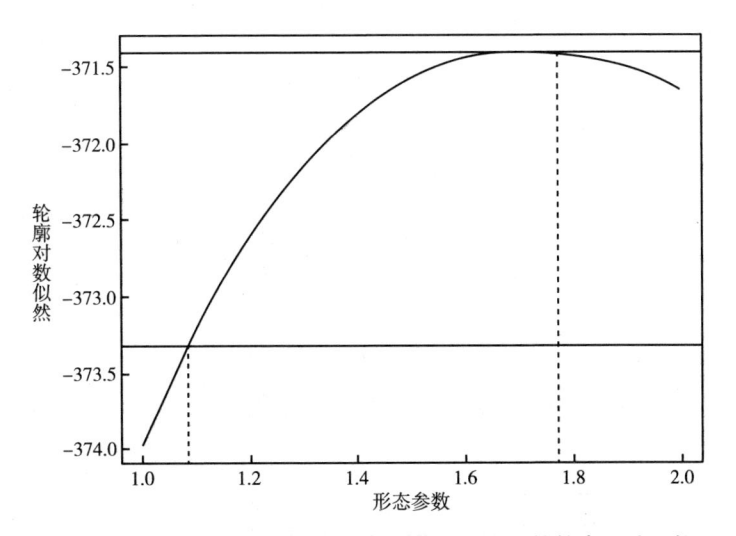

图 5-10 操作风险数据的阈值超出量模型中 ξ 的轮廓似然函数

中国商业银行操作风险数据重现水平的轮廓似然函数如图 5-11 所示。按此得到的中国商业银行操作风险数据的重现水平95%置信区间为 [3450，5000]。

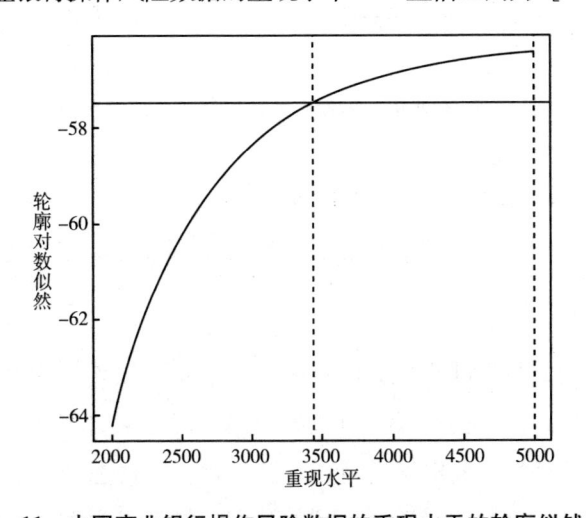

图 5-11 中国商业银行操作风险数据的重现水平的轮廓似然函数

图 5 – 12 是中国商业银行操作风险数据的阈值超出量模型诊断图。图 5 – 12 显示，概率图（P – P）图和分位数图（Q – Q 图）中几乎所有点都在一条直线上，因此概率图（P – P）图和分位数图（Q – Q 图）都不能拒绝所拟合的模型。另外，由于 ξ 的估计值接近于零，所用重现水平曲线应渐近地趋向于某个有限值；因 ξ 的估计值接近于零，估计的重现水平曲线还应近似为线性。重现水平曲线图也证实了中国商业银行操作风险可用广义帕累托分布（GPD）拟合。最后，密度曲线的估计与直方图也吻合。因此，四个诊断图都支持拟合的广义帕累托分布（GPD）。

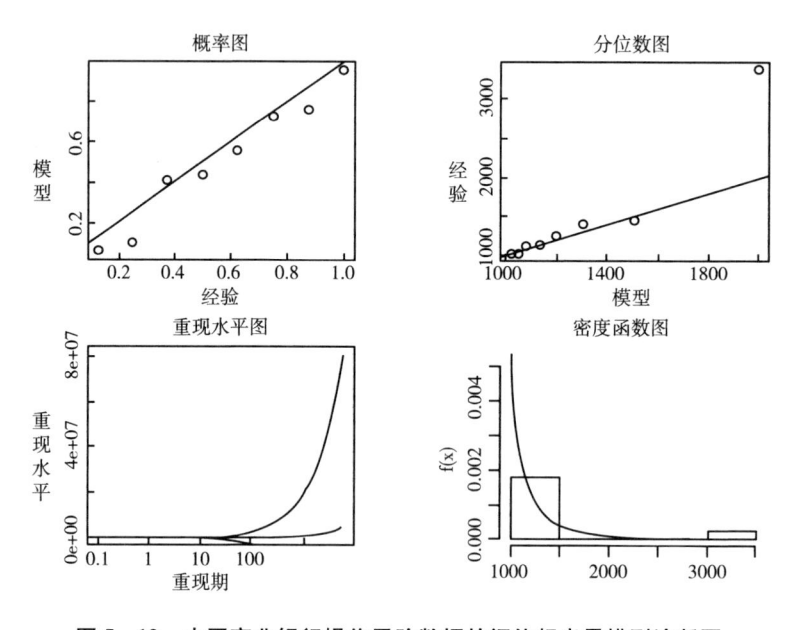

图 5 – 12 中国商业银行操作风险数据的阈值超出量模型诊断图

第五节 本章小结

操作风险损失数据缺失成为度量中国商业银行操作风险的最大困难。我国学者在度量中国商业银行操作风险的数据大部分来自媒体报道，而媒体报道的数据呈不完整性、间歇性等特点，这使得中国商业银行操作风险损失分布的真实分布与通过媒体报道而得到的分布可能存在误差，从而得到结果可能有偏差。

由于操作风险损失这种低频高损的特征，研究机构、学者已证实操作风险损失分布具有呈厚尾部性质。理论上，对低频高损风险的研究，较理想的统计方法是基于在一时期内对每一个大的损失进行分析。极值理论是通过统计原理分析以处理特殊情形事件为主的方法和模型。因此，对操作风险损失采用极值理论是较好的选择。

对于中国商业银行操作风险模拟，我们采用数据拟合方法。基于不同的模型，该方法又可分为区组（Block Maxima）和超阈值两种模型，两种模型所对应的分别为广义极值分布和广义帕累托分布。

极大似然估计是极值理论模型较理论的实证检验方法。通过极大似然估计方法得到中国商业银行操作风险极值分布的位置参数、尺度参数、形态参数分别为 717.61、78119.4 和 1.72。对模型的诊断表明，中国商业银行操作风险损失的概率、分位数图、重现水平曲线、密度曲线的四个诊断图都支持极值模型的合理性。

通过 MCMC 模拟，我们发现 MCMC 模拟的位置参数、尺度参数、形态参数与极大似然方法估计得到的参数非常比较吻合。

对 GPD 分布中的超阈值诊断表明：超阈值模型中阈值取值 u = 160000，重现水平和形态参数的轮廓对数似然函数得到的结果与 MLE 估计结合比较吻合，中国商业银行操作风险数据的阈值超出量模型诊断图支持操作风险损失分布近似于 GPD 分布。

总之，本章对中国商业银行操作风险的 GEV 分布的诊断表明，GEV 分布符合中国商业银行操作风险损失分布。鉴于在特定条件下，GPD 分布可转换为 GEV 分布。因此，对中国商业银行操作风险损失分布的 GPD 拟合进行了诊断，诊断表明中国商业银行操作风险损失分布可用 GPD 分布拟合。

第六章 中国商业银行操作风险度量：基于POT模型

第五章再次验证了中国商业银行操作风险损失分布表现为GEV分布，且基于GPD和GEV分布在特定条件下可转换关系，对中国商业银行操作风险损失的GPD分布进行了诊断，实证表明了GPD也适合于中国商业银行操作风险损失分布。本章在基于GPD分布的基础上，应用POT模型度量中国商业银行操作风险。应用POT模型估计参数方法有多种，主要有EVT模型、g-and-h模型、g-and-h和EVT相结合模型、贝叶斯方法模拟、极大似然估计、矩估计、概率权重矩估计。从估计效果看，恩布雷希茨等认为g-and-h模型、g-and-h和EVT相结合模型估计得到的参数比EVT模型得到的参数效果更好。科尔斯等认为，极大似然估计和概率权重矩估计可灵活和有效地估计极值分布的参数。基于中国商业银行操作风险所遵循的GEV分布，抑或GPD分布，因此我们仍然采用POT模型度量。

第一节 文献回顾

尽管操作风险在Basel Ⅱ中才被正式列入三大风险之一，但学者、研究人员或是相关部门的工作人员对操作风险的认识并不逊色于市场风险和信用风险。起初，对操作风险的度量或测量主要是依据Basel Ⅱ中规定的三种方法，即基本指标法、标准法、高级计量方法。目前，依据操作风险程序的厚尾部特征，度量操作风险的方法已经有多种，主要包括EVT模型、g-and-h模型、g-and-h和EVT相结合模型、利用贝叶斯方法模拟模型、Copula模型、

Robust 模型等。其中，基于 POT 度量操作风险的主要涉及 EVT 模型、g-and-h 模型、g-and-h 和 EVT 相结合模型，以及利用贝叶斯方法模拟对相关参数进行拟合。

莫斯卡德利（Moscadelli，2004）结合美联储及美国有关监管机构联合进行的一项名为"损失数据收集联系"的研究项目（LDCE），应用 POT 理论对资本水平进行了估计，其结论证实了操作风险损失数据较好地落入尾部区域，即采用 POT 理论对资本估计水平较为合理。杜塔和佩里（Dutta and Perry，2006）基于 LDCE（2004）数据，为建立操作风险损失分布模型，作者采用了参数分布拟合、EVT 模型和非参数经验样本资本估计方法。实证表明基于 EVT 上的 POT 模型失败，而采用 g-and-h 模型度量操作风险损失分布中的 5 个参数结果均得到很好的检验，因此建议采用 g-and-h 模型。德根等（Degen et al.，2006）从 g-and-h 分布特征与 EVT 理论的关系研究，结果表明：对于 g-and-h 分布而言，超过阈值的分布收敛于 GDP 非常慢，因此用 EVT 模型度量的结果不准确。考虑 g-and-h 随机变量的 VaR 特性及 g 与 h 参数取合理值时，估计结果可提高。对以上三种研究方法的比较可见表 6 – 1。

基于 GPD 分布而建立的 POT 模型，其参数估计方法主要有极大似然估计、Robust 估计、拟合优度（goodness-of-fit）估计、矩估计、概率权重矩估计等估计方法。极大似然估计在极值分布的应用中被认为是有效和可行的工具，但在小样本中极大似然估计结果却并不令人非常满意。因此，为了在以极大似然分析框架中加入小样本信息，科尔斯和狄克逊（Coles & Dixon，1999）引入了补偿性极大似然估计方法。该方法仍然保留了极大似然估计方法所具有的灵活和有效性特征，并且提高了小样本所具有的信息。除了利用极大似然估计 GPD 分布参数外，还可以采用矩估计和概率权重矩估计。格林伍德等（Greenwood et al.，1979）较详细地分析概率权重矩估计，而霍斯金（Hosking et al.，1985）引入概率权重矩估计广义极值分布的参数，并分析了各参数在大样本、小样本和中等样本中的特性。霍斯金等（Hosking et al.，1985）的研究表明，概率权重矩估计具有无偏、小方差的性质。与极大似然估计结果相比，概率权重矩估计同样具有灵活和有效性的特征。此外，查拉基安和史蒂芬斯（Choulakian & Stephens，2001）、卢比（Luceño，2005）用 goodness-of-fit 估计 GPD 分布的参数。

由于 GPD 分布参数的极大似然估计、矩估计和概率权重矩估计得出的参数都不是稳健的（Robust）估计值。彭良和威尔士（Peng & Welsh, 2001）引入了稳健估计思路估计 GPD 分布中的各个参数。除了形态参数为 1 外, 对任何形态参数的任何值而言, 彭良和威尔士的稳健估计的渐近分布都呈正态分布。与极大似然估计结果相比, 稳健估计的效果较差, 但是对于更低的阈值而言, 稳健估计表现效果有所提高。对阈值的观察发现, 随着阈值增加, 尺度参数估计值比形态参数估计值更稳定。

表 6-1 EVT 模型、g-and-h 模型、g-and-h between EVT 模型三种方法的比较

项目	EVT 模型	g-and-h 模型	g-and-h between EVT 模型
模型结论	莫斯卡德利（2004）：采用 POT 模型可合理的资本估计（LDCE 2002）；无限均值模型	杜塔和佩里（2006）：基于 EVT 的 POT 模型失败, 建议 g-and-h 模型（LDCE 2004）；有效的均值 g-and-h 模型	德根等（2006）从 g-and-h 分布特征与 EVT 理论的关系研究, 结果表明: 对于 g-and-h 分布而言, 超过阈值的分布收敛于 GPD 非常慢, 因此用 EVT 模型度量的结果不准确。考虑 g-and-h 随机变量的 VaR 特性及 g 与 h 参数取合理值时, 估计结果可提高
理论	成熟的理论: POT	目前尚无标准框架	g-and-h
参数	对基本的自由度无明确规定	明确的参数模型	g、h 参数

资料来源: 笔者整理。

第二节 POT 模型

POT 模型是基于 GPD 分布的基础上建立起来的。GPD 分布函数在第五章已经描述, 建立以 POT 为模型的操作风险度量, 主要是从阈值超出量的角度考虑。一般来说, 对称分布的极值分布要求阈值超出量数据具有 IID 特征。另外, POT 模型建立在以下假设基础上：

（1）超出量为齐次泊松过程；

（2）超越阈值的超出数据具有 IID 特征，并且超出量在时间上是独立的；

（3）阈值超出量分布为广义帕累托分布。

POT 模型有很多表示方法，如泊松（Poisson）点过程（包括二维 Poisson 点过程）。二维 Poisson 点过程在实践应用成效较好，本章旨在介绍二维 Poisson 点过程。

操作风险损失随机变量为 $Z_1, \cdots, Z_n$，设定高阈值 u。假定变量空间为 $\Omega = (0, 1] \times (u, \infty)$，定义在点集合 (t, z) 的 Poisson 点过程为 $N(A) = \sum_{i=1}^{n} I_{\{(i/n, Z_i) \in A\}}$。给定：

$$\lambda(t, z) = \frac{1}{\sigma}\left(1 + \xi \frac{z - \mu}{\sigma}\right)^{-1/\xi - 1} \qquad (6-1)$$

要求 $(1 + \xi(z - \mu)/\sigma) > 0$，并且 $\lambda(t, z) = 0$。注意到以上点集合不依赖于 t，仅依赖于 z，且二维 Poisson 过程是非齐次的。可简单地记为 $\lambda(z) := \lambda(t, z)$。对于集合 $A = (t_1, t_2) \times (z, \infty) \subset \Omega$，其密度计算可表示为：

$$\Lambda(A) = \int_{t_1}^{t_2} \int_{z}^{\infty} \lambda(y) dy dt = -(t_2 - t_1) \ln H_{\xi, \mu, \sigma(z)} \qquad (6-2)$$

对于任何 $z \geq u$，上式意味着超过 z 的一维过程是齐次的 Poisson 过程，该过程伴随着比率为 $\tau(z) := -\ln H_{\xi, \mu, \sigma(z)}$。现在考虑超出量超过阈值 u，这些超出量的厚尾分布记为 $\bar{F}_u(z)$，因此可计算 u + z 的比率超过 u 的比率之比。即：

$$\bar{F}_u(z) = \frac{\tau(u + z)}{\tau(u)} = \left(1 + \frac{\xi z}{\sigma + \xi(u - \mu)}\right)^{\frac{-1}{\xi}} = \bar{G}_{\xi, \beta(z)} \qquad (6-3)$$

上式中，$\beta = \sigma + \xi(u - \mu)$ 为正的尺量参数。

同样，注意到上述模型也表明了最大值的 GEV 分布模型。对于 $z \geq u$ 的 $\{M_n \leq z\}$ 而言，用点过程表示为在集合 $A = (0, 1] \times (z, \infty)$ 中不存在点。该事件的概率表示为 $P(M_n \leq z) = P(N(A) = 0) = \exp(-\Lambda(A)) = H_{\xi, \mu, \sigma(z)}$，$z \geq u$，此准确地描述了 GEV 模型中的 n 个区组中的极大值情况。

对超阈值点过程的理解，如图 6-1 所示。

POT 模型参数的估计。随着 POT 模型的不断成熟，对 POT 模型中参数估

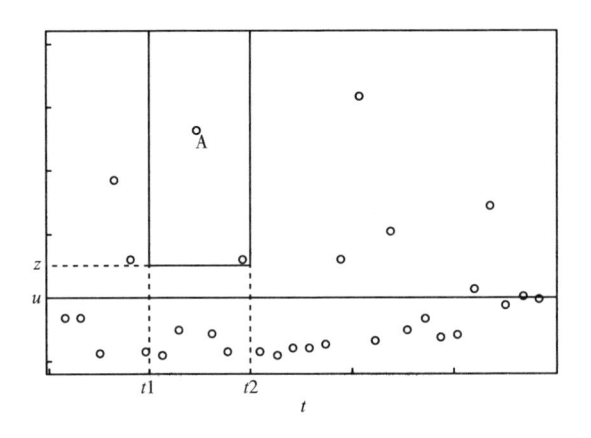

图 6-1 超阈值的点过程

资料来源：Jan Beirlan, Yuri Geogebeur and Jozef Teugels. Statistics of Extremes Theory and Applications. John Wiley & Sons, Ltd, 2004. pp: 148.

计方法越来越多，其中有极大似然估计、矩估计、概率权重矩估计等。

POT 模型的极大似然估计方法：极大似然估计方法对 POT 模型的拟合就是对式（6-1）点过程的拟合。给定超出量数据 $\{\tilde{Z}_j: j=1,\cdots,N_u\}$，似然函数可表示为：

$$L(\xi,\sigma,\mu;\tilde{Z}_1,\cdots,\tilde{Z}_{N_u}) = \exp(-\tau(u))\prod_{j=1}^{N_u}\lambda(\tilde{Z}_j) \qquad (6-4)$$

POT 模型中的参数 ξ, σ 和 μ 通过最大化上式得到。然后也可通过简便的方法得到同样的参数估计。假定 POT 模型重新表示为 $\tau := \tau(u) = -\ln H_{\xi,\mu,\sigma}(u)$，一维 Poisson 过程超出量的比率超过 u 水平，$\beta = \sigma + \xi(u-\mu)$，GPD 的参数尺量超过损失水平 u。此时，式（6-1）可改写为：

$$\lambda(z) = \lambda(t,z) = \frac{\tau}{\beta}\left(1+\xi\frac{z-u}{\beta}\right)^{-1/\xi-1}$$

其中，$\xi\in\mathbb{R}$，τ，$\beta>0$。使用参数表达式很容易证实式（6-4）的对数似然函数表示为：

$$\ln L(\xi,\sigma,\mu;\tilde{Z}_1,\cdots,\tilde{Z}_{N_u}) = \ln L_1(\xi,\beta;\tilde{Z}_1-u,\cdots,\tilde{Z}_{N_u}-u) + \ln L_2(\tau;N_u)$$

上式中，L_1 是 GPD 种超过损失量的极大似然拟合值，$\ln L_2(\tau;N_u)=$

$-\tau+N_u$ 是一维齐次且比率为 τ 的对数似然 Poisson 过程。通过 GPD 分析可得到 ξ 和 β 参数,然后通过对 N_u 极大似然估计得到 τ,通过以上得到的参数可推断 μ 和 σ。

矩估计和概率权重矩估计方法:霍斯金和沃利斯(Hosking and Wallis,1987)对 GPD 分布的参数估计时引入了矩估计方法和概率权重矩估计方法。以上两种方法具有共同的基本思路,即未知参数可从总体矩的表达式中获得。如果 $\xi<1/r$,那么 GPD 分布的 r 阶矩存在。从 r 阶矩可以推导出 GPD 分布的均值和方差,分别表示为:

$$E(Z-u) = \frac{\sigma}{1-\xi}, \text{var}(Z-u) = \frac{\sigma^2}{(1-\xi)^2(1-2\xi)}$$

假设超过阈值的随机变量为 Z_1-u, $\cdots$, Z_n-u, 为方便起见记为 Y_1, $\cdots$, Y_N,则超阈值变量组成的序数序列可表示为 $Y_{1,N_t} \leq \cdots \leq Y_{N_t,N_t}$。$E(Z-u)$ 由 $\bar{Y} = \sum_{i=1}^{N_t} Y_i / N_t$ 替换,$\text{var}(Z-u)$ 由 $S_Y^2 = \sum_{i=1}^{N_t} (Y_i - \bar{Y})^2/(N_t - 1)$,则 GPD 分布的 r 阶矩均值和方差中可求解出参数 ξ 和 σ,即矩估计可表示为:

$$\hat{\sigma}_{\text{moments}} = \frac{\bar{Y}}{2}\left(1 + \frac{\bar{Y}^2}{S_Y^2}\right), \hat{\xi}_{\text{moments}} = \frac{1}{2}\left(1 - \frac{\bar{Y}^2}{S_Y^2}\right)$$

概率权重矩估计(PWM):格林伍德等(Greenwood et al., 1979)对分布函数为 F 的随机变量 Y 估计时引入概率权重矩估计方法,对真实的 p, r 和 s,概率权重矩估计可表示为:

$$M_{p,r,s} = E\{Y^p [F(Y)]^r [1-F(Y)]^s\} \tag{6-5}$$

霍斯金等(Hosking et al., 1985)在 PWM 取特殊值的情况下对 GEV 参数估计进行了拓展性的研究。当 $\xi \neq 0$ 时,假定 p=1,r=0,1,2,$\cdots$,s=0,则 GEV 的概率权重矩估计表示为:

$$M_{1,r,0} = \frac{1}{r+1}\left\{\mu - \frac{\sigma}{\xi}[1-(r+1)^\xi \Gamma(1-\xi)]\right\}, \xi<1 \tag{6-6}$$

假定样本 Y_1, $\cdots$, Y_m 服从 i.i.d. GEV 的随机变量。当 r=0,1,2 时,(6)可求解出(σ, ξ, μ)的 PWM 估计($\hat{\sigma}$, $\hat{\xi}$, $\hat{\mu}$),即:

$$M_{1,0,0} = \mu - \frac{\sigma}{\xi}(1 - \Gamma(1-\xi)) \tag{6-7}$$

$$2M_{1,1,0} - M_{1,0,0} = \frac{\sigma}{\xi}\Gamma(1-\xi)(2^\xi - 1) \tag{6-8}$$

$$\frac{3M_{1,2,0} - M_{1,0,0}}{2M_{1,1,0} - M_{1,0,0}} = \frac{3\xi - 1}{2\xi - 1} \tag{6-9}$$

兰德维尔等（Landwehr et al., 1979）通过迭代获得 $M_{1,r,0}$ 估计：

$$\hat{M}_{1,r,0} = \frac{1}{m}\sum_{j=1}^{m}\left(\prod_{\ell=1}^{r}\frac{(j-\ell)}{(m-\ell)}\right)Y_{j,m}$$

或用渐进性地常数估计表示：

$$\tilde{M}_{1,r,0} = \frac{1}{m}\sum_{j=1}^{m}\left(\frac{j}{m+1}\right)^{r}Y_{j,m}$$

对式（6-9）进行数值分析可获得 $\hat{\xi}$，对式（6-8）求解可获得 σ：

$$\hat{\sigma} = \frac{\hat{\xi}(2\hat{M}_{1,1,0} - \hat{M}_{1,0,0})}{\Gamma(1-\hat{\xi})(2^\xi - 1)}$$

最后，给定 $\hat{\xi}$，$\hat{\sigma}$，$\hat{\mu}$ 可从式（6-7）中求解出：

$$\hat{\mu} = \hat{M}_{1,0,0} + \frac{\hat{\sigma}}{\hat{\xi}}(1 - \Gamma(1-\hat{\xi}))$$

根据 PWM 方法的原理，现在用 PWM 方法对 GPD 分布的参数 σ 和 ξ 进行估计。在 GPD 的分析中，应用式（6-5），假定 p=1, r=0, s=0, 1, 2, …，则有：

$$M_{1,0,s} = \frac{\sigma}{(s+1)(s+1-\xi)}, \xi < 1 \tag{6-10}$$

如在拟合 GEV 分布中的情形一样，通过 $M_{1,0,s}$ 的对应部分替代，得到 $\hat{M}_{1,0,s}$，

$$\hat{M}_{1,0,s} = \frac{1}{N_t}\sum_{j=1}^{N_t}\left(\prod_{\ell=1}^{s}\frac{(N_t - j - \ell + 1)}{(N_t - \ell)}\right)Y_{j,N_t}$$

抑或表示为：

$$\tilde{M}_{1,0,s} = \frac{1}{N_t} \sum_{j=1}^{N_t} \left(1 - \frac{j}{N_t+1}\right)^s Y_{j,N_t}$$

当 s=0 和 s=1 时，PWM 所对应 σ 和 ξ 参数估计可从式（6-10）中求解出。

$$\hat{\xi}_{PWM} = 2 - \frac{\hat{M}_{1,0,0}}{\hat{M}_{1,0,0} - 2\hat{M}_{1,0,1}}$$

$$\hat{\sigma}_{PWM} = \frac{2\hat{M}_{1,0,0}\hat{M}_{1,0,1}}{\hat{M}_{1,0,0} - 2\hat{M}_{1,0,1}}$$

注意到，概率权重矩估计（PWM）估计 ξ 参数时写成超阈值序列之和的权重比率。用 $\tilde{M}_{1,0,s}$ 代替 $\hat{M}_{1,0,s}$，则 $\hat{\xi}$ 的估计可表示为：

$$\hat{\xi}_{PWM} = \frac{\frac{1}{N_t}\sum_{j=1}^{N_t}\left(4\frac{j}{N_t+1} - 3\right)Y_{j,N_t}}{\frac{1}{N_t}\sum_{j=1}^{N_t}\left(2\frac{j}{N_t+1} - 1\right)Y_{j,N_t}}$$

实践中，应用矩估计和概率权重矩估计也会遇到问题。首先，当 ξ≥1 时，矩估计和概率权重矩估计均不存在。另外，在 ξ<0 的情况下，模型获得的估计值与实际值之间存在不一致情况。

第三节 POT 模型的度量结果

基于 GPD 分布的 POT 模型，对于超阈值的估计依据泊松点过程。因此，应用 POT 模型分析的关键就是阈值的选取。POT 模型的阈值选取图如图 6-2 所示。从图 6-2 可以看出，阈值在 20000 时出现拐点。因此，阈值应选择为 20000，该阈值与 GPD 分布拟合时的阈值基本一致。

选择合理的阈值后，可用点过程拟合 POT 模型。从概率图和分位图（见图 6-3）可看出，因为所用点围绕在一条直线附近，由概率图（P-P）图和分位

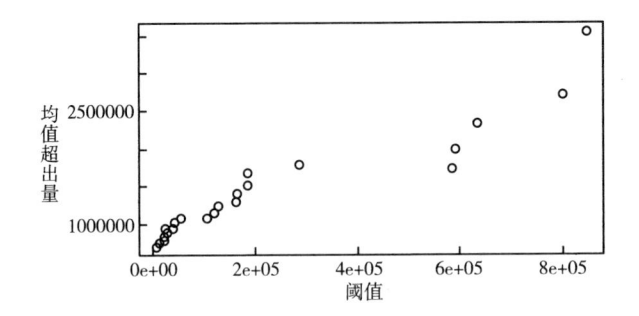

图 6-2　POT 模型下点过程的阈值

图（Q-Q 图）不能否定所拟合的模型。通过极大似然估计得到位置参数、尺度参数和形态参数的估计值分别为 4198.23、560.92 和 -0.05，负的对数似然值为 37.35（见表 6-2）。位置参数、尺度参数和形态参数的标准差为：

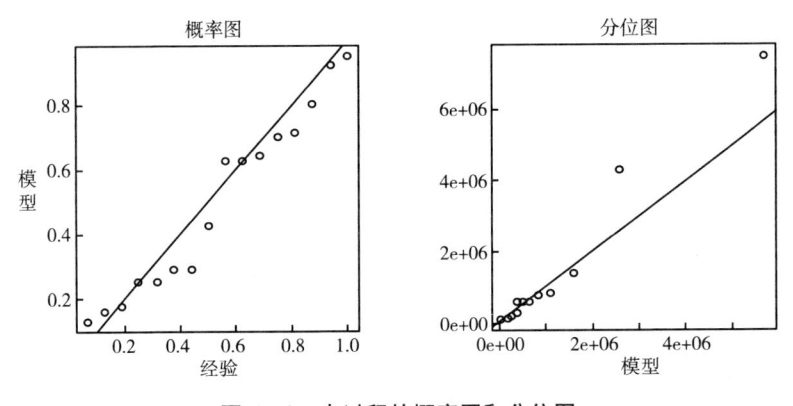

$$\begin{bmatrix} 3194850.5 & 1068337.3 & 352.06 \\ 1068337.3 & 409081.4 & 147.58 \\ 352.06 & 147.59 & 0.056 \end{bmatrix}$$

图 6-3　点过程的概率图和分位图

表 6-2　POT 模型中点过程位置参数、尺度参数和形态参数估计

	极大似然估计	标准差
位置参数（μ）	4198.23	1787.41
尺度参数（σ）	560.92	639.59
形态参数（ξ）	-0.05	0.23
负的对数似然值（Negative log-likelihood）	37.35	

图 6-4 为潜在尾部的分布图。对 POT 模型中的超阈值的分布拟合显示，超出阈值的操作风险损失呈现厚尾部特征，超阈值数据呈现的厚尾部特征符合极值分布的特征。

潜在尾部分布

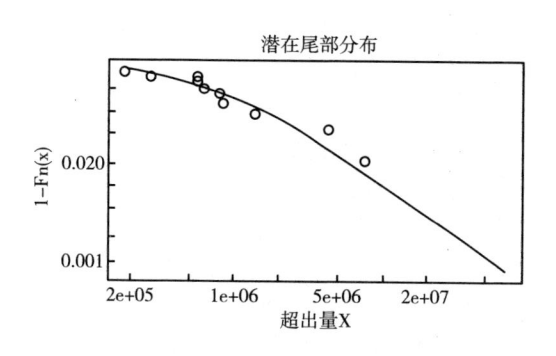

图 6-4 潜在尾部分布

基于以上讨论的各种方法对 POT 模型参数进行估计，本书在 R 软件的基础上对上述方法对超阈值分布的尺度参数和形态参数的估计结果（见表 6-3）。表 6-3 显示，极大似然估计、矩估计、最小密度势力收敛估计和最大补偿似然估计得到的尺度参数和形态参数结果较为一致，而皮坎达斯（Pickands）估计和有偏的概率权重矩估计得到尺度参数和形态参数与其他估计方法得到参数估计值差异较大。

表 6-3　　　　　　　各种方法估计参数结果比较

	尺度参数	形态参数
MLE	711.85	-0.03
MOMENTS	734.20	-0.03
PWMU	953.68	-0.34
PWMB	992.76	-0.39
PICKANDS	1229.97	-1.55
MED	802.53	-0.32
MDPD	711.85	-0.04
MPLE	711.85	-0.03

注：MLE、MOMENTS、PWMU、PWMB、PICKANDS、MED、MDPD、MPLE 分别表示为极大似然估计、矩估计、无偏的概率权重矩估计、有偏的概率权重矩估计、Pickands 估计、中位数方法、minimum density power divergence（最小密度势力收敛）、最大补偿性似然估计。

根据中国商业银行操作风险损失服从的 GPD 分布结果，根据 POT 模型中的点过程可估计操作风险的分位数和损失额。对中国商业银行操作风险损失额的估计结果显示，在 0.95 的概率下，中国商业银行操作风险每年的损失额大约为 11438340 万元；在 0.99 的概率下，中国商业银行操作风险每年的损失额大约为 36329939 万元（见表 6-4）。

表 6-4　　　　　　　　　　操作风险损失额的估计　　　　　　　　　　单位：万元

概率	分位数	损失额
0.95	2298462	11438340
0.99	11638618	36329939

第四节　本章小结

第五章的研究结论是本章深入研究的重要支撑。基于中国商业银行操作风险可用 GPD 分布拟合，结合中国商业银行操作风险损失数据的小样本特征，本章用 POT 模型度量操作风险损失。从现有的文献可见，应用 POT 模型估计操作风险的方法有多种，如 EVT 模型、g-and-h 模型、g-and-h 和 EVT 相结合模型，以及利用贝叶斯方法模拟对相关参数进行拟合。也有从极大似然估计、矩估计、概率权重矩估计等方法估计损失分布的各参数。不同学者对不同方法产生的效果意见不一致。恩布雷希茨等认为，g-and-h 模型、g-and-h 和 EVT 相结合模型估计得到参数比 EVT 模型得到参数效果更好。科尔斯等认为，极大似然估计和概率权重矩估计可灵活和有效地估计极值分布的参数。基于中国商业银行操作风险所遵循的 GEV 分布，抑或 GPD 分布，因此我们仍然采用 POT 模型度量。

从应用 POT 模型度量操作风险损失结果看，超阈值的数据分布仍然呈现厚尾部特征，是典型的极值分布。应用极大似然估计、矩估计、概率权重矩估计等方法对超阈值的分布的尺度参数和形态参数的估计表明，极大似然估计、矩估计、最小密度势力收敛估计和最大补偿似然估计得到的尺度参数和形态参数结果较为一致，而皮坎达斯（Pickands）估计和有偏的概率权重矩估计得到尺度参数和形态参数与其他估计方法得到参数估计值差异较大。

最后,用 POT 模型度量了中国商业银行的操作风险损失额。对中国商业银行操作风险损失额的估计结果显示,在 0.95 的概率下,中国商业银行操作风险每年的损失额大约为 11438340 万元;在 0.99 的概率下,中国商业银行操作风险每年的损失额大约为 36329939 万元。

第七章　中国商业银行操作风险控制：操作风险控制设计

第四、第五、第六章分别对中国商业银行操作风险损失数据、操作风险损失分布及风险损失估计进行了分析。然而，从微观层面看，业务线中的风险因子是直接引起操作风险的主要导火线，因而控制业务线中风险的发生成为管理层决策的主要目标之一。本章按照巴塞尔资本协议下的操作风险管理原理和中国银监会对操作风险管理的相关规定，设计了中国商业银行操作风险管理框架。根据业务线中风险因子建立了操作风险可能爆发的内部"网络"图，并依此建立了操作风险贝叶斯网络模型。

第一节　中国商业银行操作风险管理

一、Basel Ⅱ下中国商业银行操作风险管理

在 Basel Ⅱ下，有关操作风险度量、管理及控制条例不断完善。为了加强中国商业银行对操作风险控制，中国银监会于 2006 年 12 月 8 日和 2007 年 5 月 14 日分别发布了《商业银行内部控制指引》《商业银行操作风险管理指引》。

《商业银行内部控制指引》分十章，共一百四十二条，从商业银行内部控制的基本要求、授信的内部控制、资金业务的内部控制、存款和柜台业务的内部控制、中间业务的内部控制、会计的内部控制、计算机信息系统的内

部控制及内部控制的监督与纠正八个方面规范了商业银行风险控制目标及覆盖范围，主要内容见表 7-1。

表 7-1　　　　　　　　《商业银行内部控制指引》主要内容一览

	主要内容
内部控制的基本要素	内部控制环境、风险识别与评估、内部控制措施、信息交流与反馈、监督评价与纠正
内部控制的组织结构	建立职能明确、相互制衡、报告关系清晰的组织结构。明确银行董事会、监事会和高级管理层的责任
授信的内部控制	制定了银行授信内部控制的重点、设立独立的授信风险管理部门、授信风险管理岗位之间应相互配合、相互制约
资金业务的内部控制	制定了资金业务内部控制的重点，明确商业银行资金业务组织结构职能、风险度量、报告制度
存款和柜台业务的内部控制	制定了商业银行存款和柜台业务内部控制重点，确定了银行应严格执行账户管理的有关规定
中间业务的内部控制	制定了商业银行中间业务内部控制重点，明确了商业银行从事中间业务风险控制措施
会计的内部控制	制定了商业银行会计内部控制的重点，明确了会计岗位之间相互制衡并加强对会计账务处理的全程监管
计算机信息系统的内部控制	制定了商业银行计算机信息系统内部控制的重点，明确了计算机信息系统开发人、管理人员、操作人员岗位之间的相互制衡
内部控制的监督与纠正	内部控制的报告和信息反馈制度、内部控制的监督和检查、内部控制的风险责任制

资料来源：中国银监会. 商业银行内部控制指引. 2006.

《商业银行操作风险管理指引》分四章，共三十一条，从操作风险管理和操作风险监管角度规定了中国商业银行操作风险管理要求，主要内容见表 7-2。

表 7-2　　　　　　《商业银行操作风险管理指引》主要内容一览

操作风险管理	操作风险监管
董事会监督控制	风险管理政策和程序应在银监会备案
高级管理层职责	规定了重大操作风险事件向银监会报告
适当的组织结构	银监会对商业银行操作风险政策、程序和做法定期评估
操作风险管理政策、方法和程序	
计提操作风险所需资本规定	

资料来源：中国银监会. 商业银行操作风险管理指引. 2007.

二、Basel Ⅲ下中国商业银行操作风险管理

2010年12月16日,巴塞尔委员会发布了《新巴塞尔资本协议》(Basel Ⅲ),并要求各成员经济体两年内完成相应监管法规的制定和修订工作,2013年1月1日开始实施新监管标准,2019年1月1日前全面达标。Basel Ⅲ确立了微观审慎和宏观审慎相结合的金融监管新模式,大幅度提高了商业银行资本监管要求,建立了统一的流动性监管要求。

Basel Ⅲ发表不久后,BIS发布了两个有关操作风险管理的征求意见稿,即《操作风险高级计量方法监管指南》《操作风险管理及监管的稳健性做法》。与Basel Ⅱ相比,此次两个征求意见稿旨在明确监管机构对操作风险的监管职责、银行应建立三道防线应对操作风险、完善操作风险数据统计、操作风险损失分布计算方法及操作风险度量方法等内容。

与国际金融监管相适应,中国银监会也加强了对中国金融业的监管力度。"十二五"规划纲要明确提出参与国际金融准则新一轮修订,完善中国金融业稳健标准。在新的监管准则下实施量化标准,将对商业银行经营模式、银行体系稳健性乃至宏观经济运行产生深远影响,同时可推动中国银行业实施国际新监管标准,增强银行体系稳健性和国内银行的国际竞争力。2011年4月,中国银监会发布了《中国银行业实施新监管标准的指导意见》(以下简称《意见》)就是加强银行业监管的重要举措。《意见》根据《新巴塞尔资本协议》(Basel Ⅲ)确定的银行资本和流动性监管标准,增强银行业金融机构抵御风险能力。总的来说,《意见》对商业银行操作风险的具体要求体现在以下三个方面。

第一,操作风险资本要求提高。在资本充足率监管方面,《意见》明确了三个最低资本充足率要求,即核心一级资本充足率、一级资本充足率和资本充足率分别不低于5%、6%、8%。新标准实施后,正常条件下系统重要性银行和非系统重要性银行的资本充足率分别不得低于11.5%和10.5%。操作风险资本要求为总风险资本要求的一部分,因此,资本充足率提高,意味着商业银行将留存更多的资本以应对风险。

第二,操作风险监管要求提高。对于不实施资本计量高级方法的银行业金

融机构，应从 2011 年底开始在现有信用风险资本计量的基础上，采用新的《资本充足率管理办法》要求的标准方法，计量操作风险的监管资本要求。在操作风险监管中，商业银行应建立和完善操作风险评估、识别、监测和报告等程序。

第三，持续改进操作风险管理。《意见》要求各银行根据自身特点，强化操作风险管理基础设施，提升操作风险管理能力。具体表现为：（1）完善操作风险治理组织框架，进一步明确董事会、高管层、首席风险官、风险管理部门和相关业务线的角色和职能；（2）强化数据基础，通过新监管标准实施切实解决国内银行业金融机构长期存在的操作风险数据缺失、质量不高问题；（3）积极开发和推广新型风险计量工具，提高操作风险识别能力和操作风险计量准确性；（4）强化 IT 系统建设，为操作风险政策制定和实施、操作风险计量工具运用及优化奠定基础。

三、中国商业银行操作风险的管理特征及改进方向

巴塞尔协议（Basel Ⅱ）在中国实施比较晚，在对风险管理中，我国商业银行主要侧重于对信用风险的管理，且对信用风险管理框架日趋成熟，而对市场风险和操作风险的管理起步比较晚，对市场风险和操作风险的管理框架还处于构建阶段，见表 7-3。

表 7-3　中国商业银行信用风险、操作风险、市场风险的管理特征

	信用风险	操作风险	市场风险
重视程度	最受重视	刚刚起步	刚刚起步
规模	信贷业务规模大，风险管理制度完备	侧重在资金部建立制度安排	具备初步制度安排，但缺乏执行力
内部分工状况	开始在部门之间实行，逐步完善	基本在部门之内实习，需要大力改变	有部门之间分工的愿望，但是执行力度不够
决策方式	以集体决策为主	以集体决策为主	决策方式不清晰
报告线路	部门内部和部门之间都较清晰	部门内部较清晰，部门外部不完备	部门内外部均不清晰
模型	内部预警系统模型	存在简单模型，但作用小	压力测试
控制独立性	较独立	较独立	缺乏独立性

资料来源：钟伟. 新巴塞尔协议和全面风险管理. 2008.

与国外操作风险管理相比，我们认为中国商业银行对操作风险的管理还处于探索阶段。在该阶段，中国商业银行操作风险侧重于单一部门建立制度性的安排，缺乏部门间的协调和相互协助功能。从操作风险管理的分工模式看，中国商业银行缺乏有效的分工，易导致操作风险滋生。从操作风险的决策看，中国商业银行以集体决策为主，集体决策方式不利于对操作风险的监控。从操作风险报告路线看，中国商业银行在内部形成了较明确的路线模式，但在外部缺乏有效的报告路线。

风险管理要求提高效益，创造价值。自巴塞尔委员会提倡全面风险管理框架以来，我国银行业对全面风险管理的理念还不到位，目前仍以信用风险管理为主，对市场风险、操作性风险等风险重视不够。结合我国银行业操作风险管理存在的问题，应该从以下方面完善对操作风险的管理。

从岗位职责角度来看，还没有形成完整、科学、有效的岗位职责体系，部门之间、岗位之间普遍存在界面不清、职责不明现象，无法建立起持续监控和改进的内控机制。

加强风险管理人才队伍的建设。目前国际上着手准备实施 Basel Ⅲ，而我国银行业仍然以 Basel Ⅱ 为主，为了迎合 Basel Ⅲ 的发展及对我国银行业风险管理的提升，我们需要大力培养一批高素质、业务能力突出的风险管理人才。

与新巴塞尔资本协议要求一致，建立完善操作风险管理框架。基于单个银行的资产规模、业务范围，单个银行应该建立自己的操作风险管理框架。银行应严格按照各自的操作风险管理框架执行，并配合相关部门对操作风险进行监控。

在操作风险管理框架内，建立一套自我持续改进的操作风险管理机制。操作风险管理机制对业务和管理流程进行实时、连续监控，不断主动识别风险、评估风险、控制风险，实现对风险的有效控制。

营造良好氛围的操作风险管理文化。目前，中国银行业操作风险管理停留在风险管理流程环节，缺乏体制上的风险管理或风险控制的氛围。因此，我们应积极推动引导把操作风险管理问题从操作风险管理的流程层面不断推向操作风险管理制度层面，逐步形成以领导带头，人人参与操作风险管理的文化。

第二节　中国商业银行操作风险管理设计机理

根据上一节的分析，管理层对商业银行操作风险管理存在以下问题，即管理理念落后、风险意识不强、风险管理框架缺失、人才队伍建设滞后等。因此，我们认为现阶段中国商业银行操作风险管理设计主要包括三个方面，即中国商业银行操作风险控制的目标、原则和管理框架。

中国商业银行操作风险控制达到如下目标：（1）保证内部规章制度贯彻执行；（2）防范业务风险和道德风险；（3）保障银行资金的安全；（4）提供有关操作风险损失数据的完整、可靠。

完善操作风险控制的原则：商业银行内部控制应当贯穿健全、合理、制衡、独立的原则，确保操作风险控制有效。

（1）健全性原则。商业银行操作风险控制应当做到事前、事中、事后控制相统一。风险控制范围覆盖银行的所有业务、部门和人员，渗透到决策、执行、监督、信息披露等各个环节，确保不存在内部控制的空白或漏洞。

（2）合理性原则。商业银行操作风险控制框架应当符合银监会有关操作风险控制或管理的相关规定。另外，商业银行操作风险控制框架应与本银行经营规模、业务范围、风险暴露状况相适应，以合理的成本实现操作风险控制目标。

（3）制衡性原则。商业银行风险控制部门与银行内部其他部门或岗位的设置应当权责分明、相互牵制，达到风险控制的层层渗透。另外，建立健全前台业务运作与后台操作风险管理协调机制。

（4）独立性原则。商业银行内部操作风险控制部门应当独立于银行的其他部门。

中国商业银行操作风险管理设计框架可依据 Basel Ⅲ 中有关操作风险管理框架的十一项原则。十一项原则从操作风险管理基本原则、监管职责、风险管理环境、信息披露的作用四个方面描述。总的来说，十一项原则可表述如下。

原则1：董事会应发挥主导作用，发出"高层声音（tone at the top）"，推动强效风险管理文化的构建。

原则2：银行应在其全面风险管理程序中开发、实施和维持操作风险框架。

原则3：董事会应建立和审批银行的操作风险管理框架并对其进行定期评估，还应对高级管理层进行监督以保证操作风险管理的政策、程序和系统在所有决策层面得到有效实施。

原则4：董事会应审批和评估操作风险的风险偏好和容忍度报告。该报告应明确描述银行愿意承受的操作风险的特征、类型和水平。

原则5：高级管理层应建立清晰、有效和稳健的操作风险管理框架，适当、透明和统一划分操作风险管理责任，并经董事会审批通过。高级管理层还应根据银行的风险偏好和容忍度，负责银行操作风险政策、程序和系统的统一实施和维护。

原则6：高级管理层应确保对所有产品、活动、程序和系统的内在操作风险的识别和评估以实现对内生风险和动机的充分理解。

原则7：高级管理层应确保银行具有充分评估所有新产品、活动、程序和系统的操作风险的正式程序。

原则8：高级管理层应定期对操作风险情况和导致损失的重要风险敞口实施监测。银行应在董事会、高级管理层和业务线等各个层面具备适当的报告机制，积极主动地管理操作风险。

原则9：银行应具备强有力的操作风险管理体系，包括：操作风险管理政策、程序和系统；适当的内部控制；适当的风险缓释和转移策略。

原则10：银行应制定具有业务弹性和连续性方案，确保自身在严峻业务损失发生时的持续经营和限制损失的能力。

原则11：银行的公开信息披露应能支持市场参与者对银行的操作风险管理方式进行评估。

从某种意义上说，操作风险管理框架就是实施以上十一项原则。操作风险管理框架有四个组成部分，即策略、过程、基础和环境，如图7-1所示。策略设定了整个风险基调和方式。策略包括陈述经营目标、风险偏好、风险管理方式以及与管理风险有关的相关政策。过程描述了选定策略后对操作风险管理的日复一日的活动和决策。基础确定了操作风险管理系统、数据及其他在操作风险管理过程中所使用的工具。环境则描述了操作风险管理的文化及外部因素。

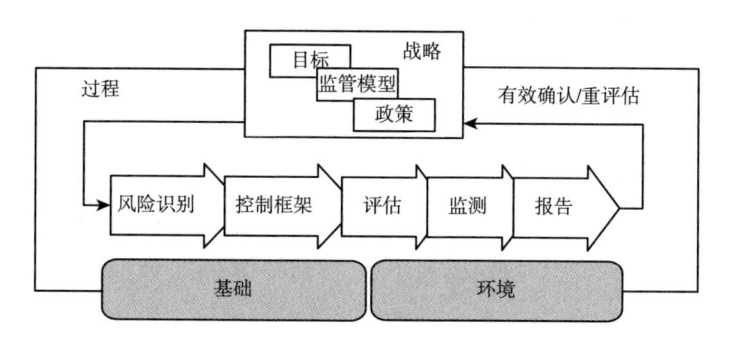

图 7-1 操作风险管理框架

一、中国商业银行操作风险控制：策略

基于商业银行操作风险的不可消除性，银行高级管理层应该制定相关的操作风险管理策略，该策略与操作风险管理方式相适应。商业银行操作风险控制策略主要由经营目标、监管模型以及操作风险管理政策构成。

1994~2020 年 6 月媒体报道的数据显示，中国操作风险损失案件发生较多的是中国银行、中国建设银行、中国工商银行和中国农业银行，操作风险损失类型主要集中于内部欺诈和外部欺诈。

各商业银行可根据自身操作风险状况，制定相关的操作风险管理策略，以达到与制定的经营目标、风险监管模型及相关操作风险管理政策相一致的目标。在风险管理中，经营目标既可以是将操作风险损失额降至某一区间，也可以是改善商业银行经营战略。对于中国商业银行而言，经营目标就是要控制操作风险，降低商业银行操作风险损失额。因此，中国商业银行应从完善银行内部管理体制、加强业务线中风险监控力度等制度方面完善操作风险控制。

传统操作风险管理强调人人负责制。与传统操作风险管理不同，风险监管模型拥有一个核心的操作风险管理者。在风险监管模型中，核心操作风险管理者主要职责是负责政策制定、开发操作风险管理工具、相互协调、独立风险等。可见，风险监管模型与传统操作风险管理的区别在于集中与分散的监管模式。对于中国商业银行而言，中国商业银行操作风险监管还是建立在相对分散的监管范式方面，要向集中统一的监管范式转变就必须建立完备的操作风险损失数据库、应有符合中国商业银行的操作风险度量模型、跨业务线风险的协调处理等。

操作风险管理政策与风险管理目标为风险监管模型的建立创造了条件。一般来说，商业银行的操作风险管理策略是在商业银行操作风险管理政策的基础上建立的。同时，操作风险管理政策与风险管理目标一致，如降低操作风险损失等。另外，操作风险管理政策也涉及风险管理模型及相关管理人的职责。就中国而言，中国商业银行操作风险管理政策主要依据银监会公布的相关文件。各商业银行依据银监会发布的相关文件，制定本行操作风险控制目标、分配操作风险准备金等。总体上看，中国操作风险管理政策需考虑中国各商业银行本身的状况，因此存在要求多样化的情况，如各商业银行可依据本行操作风险特点选定操作风险损失度量模型及操作风险损失分布。

二、中国商业银行操作风险控制：过程

操作风险控制过程涉及日复一日地对操作风险的管理。在对操作风险控制过程中，应注重对风险的识别、操作风险控制框架的建立、操作风险的评估、操作风险的度量和监测、操作风险的报告。操作风险控制过程表明了操作风险管理战略是用度量及监测操作风险的工具实现的。

基于中国商业银行操作风险控制模式仍为传统风险管理模式，操作风险控制是相对分散的，强调的是岗位负责制。中国商业银行操作风险控制模式决定了商业银行操作风险控制过程就必须是单一的识别风险、度量风险、风险评估和风险报告制度。

风险识别是操作风险控制的首要环节。了解什么是操作风险及其来源是控制操作风险的前提。中国银监会将操作风险定义为由不完善或有问题的内部程序、员工和信息科技系统，以及外部事件所造成损失的风险。银监会定义所指操作风险包括法律风险，但不包括策略风险和声誉风险。中国商业银行操作风险主要来源于内部风险，应在风险控制过程中着重强调业务线面临的风险因子并且应在业务线中注重识别风险并控制风险。

除了识别风险，操作风险控制过程中还需要度量和监测风险。操作风险控制过程就是度量风险与控制风险过程的统一。风险度量越准确，操作风险控制越得力，操作风险的发生对银行产生的影响越小。操作风险管理中有6种度量方法，即风险驱动因素度量、风险指标度量、操作风险损失数据度量、因果模型度量、资本模型度量、完成情况度量。以上6种方法风险度量原理如表7-4所示。

表7-4　　　　　　　　　操作风险管理中的6种度量方法

风险度量方法	风险度量原理
风险驱动	风险驱动是指在组织内部固有的风险特征，如职工业务水平状况、交易量等
风险指标	选定可反映风险相关的指标，风险指标的变化可反映风险的动态变化过程以及风险暴露情况
风险损失数据	操作风险损失数据可描述风险暴露，且可为管理层有效控制风险提供基本依据。风险损失数据也是为度量风险提供可靠数据来源
因果模型	该模型利用数学分析框架分析潜在操作风险损失，可在风险未发生之前，提前做好防范风险的准备。通常使用贝叶斯网络或差别性的风险方法
资本模型	操作风险资本是度量准确的风险损失及风险调整完成情况测度所必需的。资本模型一般使用在内部经济资本模型中，在 Basel Ⅱ下可用于校准资本。在 Basel Ⅱ下，资本模型有三大方法：基本方法、标准方法及高级度量方法
完成情况	年初设立操作风险控制目标，年末检验目标是否完成。完成情况度量有助于管理者清楚目前风险状况，操作风险是否在改变以及哪种类型的风险应该引起注意

资料来源：Carol Alexander. Operational Risk：Regulation, Analysis and Management [M]. Prentice Hall，2003：250-253.

操作风险控制过程的最后环节就是对风险控制结果的披露和风险识别、度量、评估及监测各个环节的有效性进行确认。中国商业银行操作风险管理的相对分散性，决定了各基层工作人员需向上级领导报告相关操作风险事件及损失金额，管理层根据操作风险事件了解风险分布情况，可针对风险爆发频率较高的部门着重加强风险管理。

三、中国商业银行操作风险控制：基础和环境

中国商业银行操作风险管理刚刚起步，操作风险管理的基础和环境相对

薄弱。操作风险管理仍然停留在业务线环节上,风险管理体制落后是导致近年来中国商业银行操作风险频频爆发的原因。

图7-1给出了操作风险控制的基础和环境。基础指在操作风险管理过程中所使用的工具。操作风险控制的基础是风险管理系统、数据库、风险管理方法、政策等。现阶段,中国商业银行操作风险数据库缺失,风险管理方法仍处于摸索阶段,有关操作风险管理政策尚需细化。

操作风险控制环境主要指银行内部风险管理文化,该文化氛围是指管理层对操作风险管理的定调以及银行内部对待操作风险管理的一致行动。新巴塞尔资本协议(Basel Ⅲ)规定了管理层负责制,管理层应和普通员工有同样的风险控制价值观、目标等。

第三节 中国商业银行操作风险控制: 贝叶斯网络的应用

一、贝叶斯网络及其原理

贝叶斯网络是利用统计模型描述变量之间的因果关系。贝叶斯网络应包括以下内容:(1)一组变量及变量之间的确定性关系;(2)每个变量都有唯一的状态;(3)变量及其确定性关系形成了非循环式的定向性图形,如果无定向性路径 $Z_1 \rightarrow \cdots \rightarrow Z_n$,则 $Z_1 = Z_n$;(4)Z中的每个变量所对应的父节点 B_1,…,B_n,条件概率分布为 $P(Z \mid B_1, \cdots, B_n)$。

贝叶斯网络是一类特别的图解模型可用于建立随机变量间的因果关系。

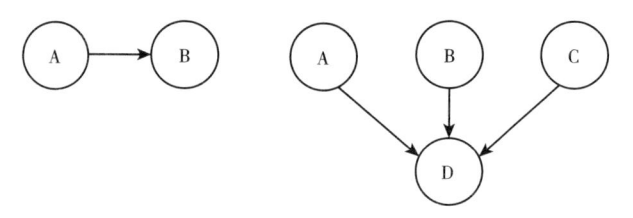

贝叶斯网络满足贝叶斯网络链式法则，一般来说，对于 u = {Z_1, …, Z_n} 变量集合，P(u) 的任何概率分布可用 P(u) = P(Z_n | Z_1, …, Z_{n-1}) P(Z_{n-1} | Z_1, …, Z_{n-2})…P(Z_2 | Z_1)P(Z_1) 表示。

贝叶斯网络法则定义如下：BN 表示 u = {Z_1, …, Z_n} 的贝叶斯网络，BN 描述了在给定所有条件概率情况下 P(u) 的唯一联合概率分布。

$$P(u) = \prod_{i=1}^{n} P(Z_i | pa(Z_i))$$

其中，$pa(Z_i)$ 表示 Z_i 在 BN 中的父节点，P(u) 反映了 BN 的性质。

参数获取：在贝叶斯网络中，估计参数需要用到贝叶斯方法。对于先验分布 p(θ)，未知参数 θ 的估计可用数据 Z 更新先验分布。通过贝叶斯理论，我们获得后验分布 p(θ|Z)：

$$p(\theta | Z) = \frac{p(Z | \theta) p(\theta)}{p(Z)}, \theta \in \Theta \quad (7-1)$$

Θ 为参数空间，Z 是随机样本变量，p(Z|θ) 为 Z 的联合概率分布，也可称为 θ 的似然函数。假定某一变量有关的参数与其他变量相关的参数独立，另外，参数与其每个离散状态的父节点独立，关于 θ 似然函数可表示为：

$$p(\theta) = \prod_{\delta \in \Delta i_{pa(\delta)}} \prod_{\in I_{pa(\delta)}} p(\theta_\delta | i_{pa(\delta)}) \prod_{\gamma \in \Delta i_{pa(\gamma)}} \prod_{\in I_{pa(\delta)}} p(\theta_\gamma | i_{pa(\delta)}) \quad (7-2)$$

建立支配先验信念步骤：

（1）明确先验贝叶斯网络，计算联合先验分布；

（2）从联合先验分布，可获得节点及父节点边缘分布，这里的边缘分布也称支配的先验信念；

（3）受支配的先验分布决定了局部参数信念。

利用贝叶斯规则，在贝叶斯网络中，任意一节点状态确定，网络中的任意节点可以通过正向或逆向的计算，可得出其他任意节点后来变化的概率。

二、贝叶斯网络在银行业的应用

目前，尚无唯一的贝叶斯网络代表任何状态，除非某一种状态太简单了。

然而，贝叶斯网络被认为是分析者自己特有观点的分析过程。

当设计贝叶斯网络分析中国商业银行操作风险管理时，目标节点应该是已确定的关键风险指标（KRI），这些指标也是风险控制的目标。关键风险指标包括：未成功的交易数量、员工跳槽比率以及严重失误发生的频率等。引起风险的随机因素或风险特性可用关键风险诱因（KRD）定义。表7-5给出了KRD与KRI的相关实例。

表7-5　　　　　　关键风险诱因与关键风险指标的实例

风险	关键风险诱因	关键风险指标
内部欺诈	管理与监督 人事政策（监管方面） 薪酬结构（奖金计划）	前台操作时滞
外部欺诈	系统质量（认证过程）	非授权交易数量
顾客、产品及业务活动	产品复杂性 人员培训	顾客投诉数量 非正确操作罚款
人事惯例及工作场所安全	人事政策（等级方面） 薪酬结构 安全措施	员工投诉数量 员工跳槽率 工作拖延
实有资产损失	建筑物位置	保险金
业务损失及系统失败	系统质量 支持政策 持续经营计划	系统延误时间
执行、传递及过程管理	管理与监督 人事政策（资格方面） 交易数量 后台部门员工培训 薪酬结构	失败交易数量 解决延迟 交易过程失误

资料来源：Carol Alexander. Operational Risk: Regulation, Analysis and Management. Prentice Hall, 2003: 289.

从风险管理全局及资本分配理念看，贝叶斯网络引入与失败事件和失败事件引起的损失相关的目标节点。贝叶斯网络可依据商业银行中各种关键风险诱因建立损失的频率及严重程度的分布状态模型，因而得到二者的综合指标（年均损失分析）。因此，中国商业银行操作风险管理与控制可与商业银行监管资本联系起来。更重要的是，贝叶斯网络可使得管理决策得到情景分析方法的支持,并与商业银行的风险资本和预算结合起来。

操作风险损失案件往往在业务线上被发现,但实际上,操作风险的发生与银行内部系统运行环境、风险管理过程、风险控制及风险度量密切相关。追究操作风险发生的根源,我们绘制了可能导致操作风险发生的内部"网络",如图7-2所示。操作风险损失往往发生在各业务线上,如网上银行诈骗、客户密码被盗等,导致该类事件发生的原因有银行风险控制系统中的交易系统存漏洞、系统服务器存在安全隐患、风险控制过程失控、银行内部风险情景模拟或度量出现偏差等问题。为了更好地控制操作风险,本章旨在引入贝叶斯网络方法以模拟由业务线中的某一业务发生的风险推测诱发该损失发生的其他诱因的概率。

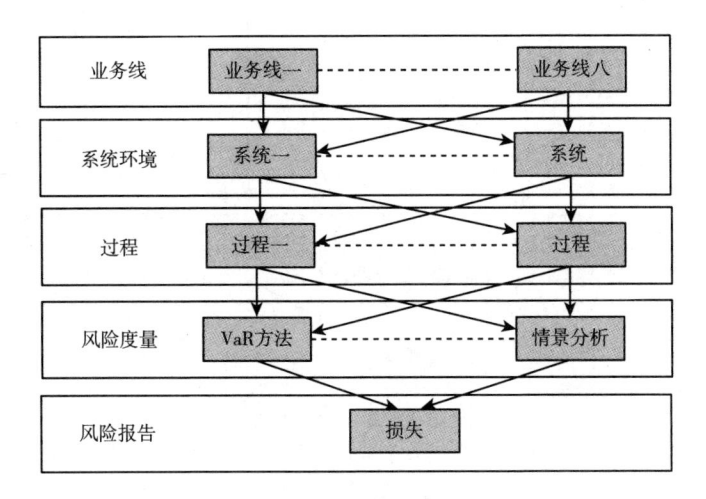

图7-2 操作风险发生的内部"网络"

第四章对中国商业银行的操作风险损失数据的分析表明,操作风险在零售银行业务、商业银行业务及支付和结算业务中发生损失事件概率较大。以上业务线共同的特点都是基于网络的交易。因此,可推测,基于因特网的在线业务易引发操作风险。鉴于以上事实,本章将通过依托因特网的在线业务说明如何用贝叶斯网络建立具有因果关系的模型并度量资本在风险中的分配,如图7-2所示。

依据图7-2的建模思路,可建立图7-3的贝叶斯网络模型。图7-3的贝叶斯网络模型是以依托因特网的在线业务为例,从与业务线有关的内、外部因素、系统、过程等方面描述在线业务操作风险的发生与其他相关的因素的关系。业务线中风险包括发生在防火墙、交易密钥管理、服务硬件、用户权限等业务上；内、外部因素包括黑客攻击、病毒攻击、终端用户修改权限；业务管理的系统包括高兼容性系统、系统失败、系统程序应用失败、服务失败、备用系统和高兼容服务；确认损失事件的过程包括交易滞后、数据损失和服务滞后；最后就通过贝叶斯因果关系推断操作风险在不同情形下发生损失的概率。

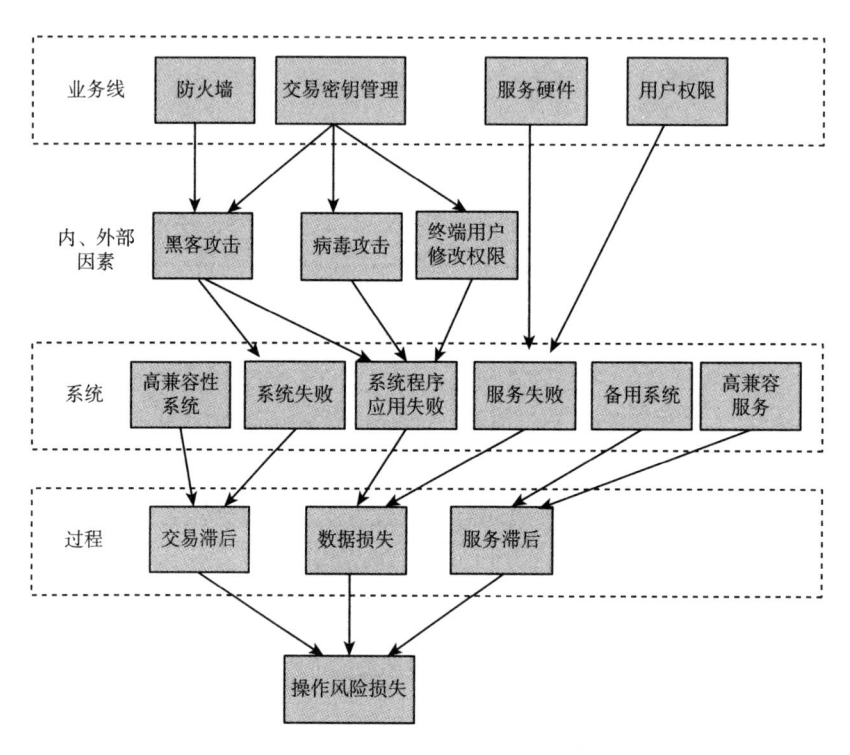

图7-3 操作风险的贝叶斯网络模型

表7-6是对图7-3的贝叶斯网络模型中的风险因子说明及赋值。建立了贝叶斯网络图及对相关风险因子予以赋值后，现在可以描述贝叶斯网络结构的因果关系和以上关系与在线业务环境的联系。

引发损失发生的三个主要因素分别为交易滞后、数据损失和服务滞后。三个因素导致损失严重程度的差异可从获取服务的时间长短，如滞后半天或1天才能获得相关的服务，结果，造成损失的程度可分为100%损失或50%损

表7-6　　　　　基于因特网银行在线业务的风险因子及赋值

序号	在线业务中的风险因子	赋值	软件中的应用简写
1	防火墙	代理；数据包过滤	fire
2	交易密钥管理	高；低	File access control
3	服务硬件	高；低	server hardware quality
4	用户权限	是；不是	power surge
5	黑客攻击	攻击；不攻击	hack
6	病毒攻击	攻击；不攻击	Viurs attack
7	终端用户修改权限	修改；不修改	End
8	高兼容性系统	是；不是	high-availability network
9	系统失败	是；否	network failure
10	系统应用程序失败	应用程序崩溃、锁住、完好	application failure
11	服务失败	是；不是	server failure
12	备用系统	高；低	uninterrupted power supply
13	高兼容服务	是；不是	High-availability server
14	交易滞后	0天；0.5天；1天	Transaction downtime
15	数据损失	0%；50%；100%	Data loss
16	服务滞后	0天；0.5天；1天	server downtime
17	操作风险损失	0元；50万元；100万元；150万元；200万元；250万元	cost

注：操作风险损失指在一定时期内（一天）可能发生的损失情况，通过对中国商业银行发生的损失事件及损失金额的计算，得出中国商业银行平均每天操作风险损失额为64万元，1994~2008年中国银行业平均每天发生的操作风险损失金额约为300万元，因此可将操作风险损失分为0元~250万元共6个档。

失。系统失败可引起交易滞后，但系数是否具备高兼容性也是导致交易滞后的因素；服务失败造成服务滞后，服务失败由于用户权限和服务硬件，另外还有其他一些衍生因素包括备用系统、高兼容性系统。

系统程序应用失败和服务失败是造成数据损失的直接原因。而导致系统程序应用失败是由终端用户修改权限、黑客攻击和病毒攻击三个方面共同引起的，以上三个方面所引起的过失均是通过交易密钥管理实现的。

贝叶斯网络模型可以反映一段时间内操作风险发生的因果情况及相关的情景分析。只要网络模型的机制建立，时间期间是可以任意修改的。而数据的可得性是模型唯一需要考虑的。在贝叶斯网络模型中每一个子节点或父节点均需要赋予相关的先验概率，对于无父节点的节点而言就是无条件先验分布，而对于子节点而言则为有条件的先验分布。本章有关贝叶斯网络节点的概率分布数据见附录一①。

依据附录一的数据，可在任意节点输入先验概率值，通过该节点的概率值可衍生出其他节点的概率及边缘后验分布。图7-4是赋予防火墙为"数据包过滤"和交易密钥管理为"高"情形下的情景分析。图7-4的分析及后文的分析均基于 AgenaRisk 软件。当防火墙选择"数据包过滤"的概率和交易密钥管理为"高"的概率后，与该两节点无关的节点概率为先验概率，通过 AgenaRisk 可自动计算出与该节点有关的节点的条件后验概率。

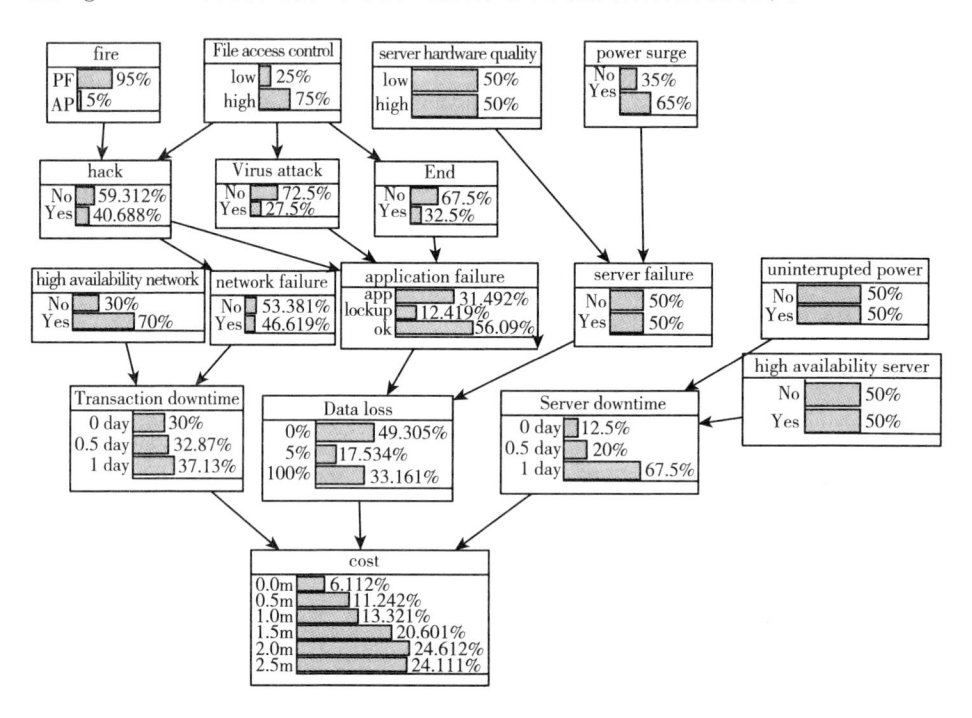

图7-4　防火墙为"数据包过滤"和交易密钥管理为"高"的情景分析

建立了银行在线业务的贝叶斯网络模型后，银行需要决定分配多少风险

---

① 附录一中的数据参考了考威尔等（Cowell et al., 2007）。考威尔等对先验概率的获得是通过专家对一系列问题的询问及对完整和非完整数据的极大似然估计得到，具体说明可见原作。资料来源：Cowell R G, Verrall R J, Yoon Y K. Modeling Operational Risk with Bayesian Network [J]. The Journal of Risk and Insurance, 2007, 74 (4): 795-827.

准备金以避免可能由于某个在线业务的极端事件的发生所带来的风险。如当防火墙选择"数据包过滤"的概率和在交易密钥管理为"高"的概率的情况下，发生操作风险损失的概率分别为：0 元的概率为 6.11%、50 万元的概率为 11.24%、100 万元的概率为 12.32%、150 万元的概率为 20.6%、200 万元的概率为 24.61%、250 万元的概率为 24.11%。因此，对应的风险资本金应该为 159 万元。

假定现在所观察的现象如表 7-7 所示，此时商业银行在线业务的贝叶斯网络状态将发生变化。当赋予观察到的变量病毒为"攻击"、防火墙为"数据包过滤"、交易密钥管理为"高"、服务器硬件为"高"、备用系统为"高"的情形时，所对应的贝叶斯网络见图 7-5。与以上变量有关子节点变量的后验概率将发生变化，而无关的变量仍保留原先的先验概率。在此情形下的操作风险损失概率分别为：0 元的概率为 11.075%、50 万元的概率为 18.105%、100 万元的概率为 15.946%、150 万元的概率为 17.944%、200 万元的概率为 18.879%、250 万元的概率为 18.05%。相应的风险资本金应该为 135 万元。

表 7-7　　　　　　　　　　观察到的现象

变量	事件
病毒	攻击
防火墙	数据包过滤
交易密钥管理	高
服务器硬件	高
备用系统	高

两个例子说明，操作风险损失的贝叶斯网络模型在各种情形下对相关变量进行情形测试，有助于帮助决策者对业务线上风险的特征有较好的把握，实现最优化的风险管理和控制。当然，银行管理者可能希望通过对一些恶劣情况下可能出现的情况进行测试，以把握银行风险的控制和承受能力。极端情形可描述为，在防火墙赋予"代理"、交易密钥管理为"高"、服务硬件为"高"、损失数据赋予"100%"的情况下，操作风险损失的概率分布。在损失数据为 100% 情况下的压力测试如图 7-6 所示。在此情形下的操作风险损

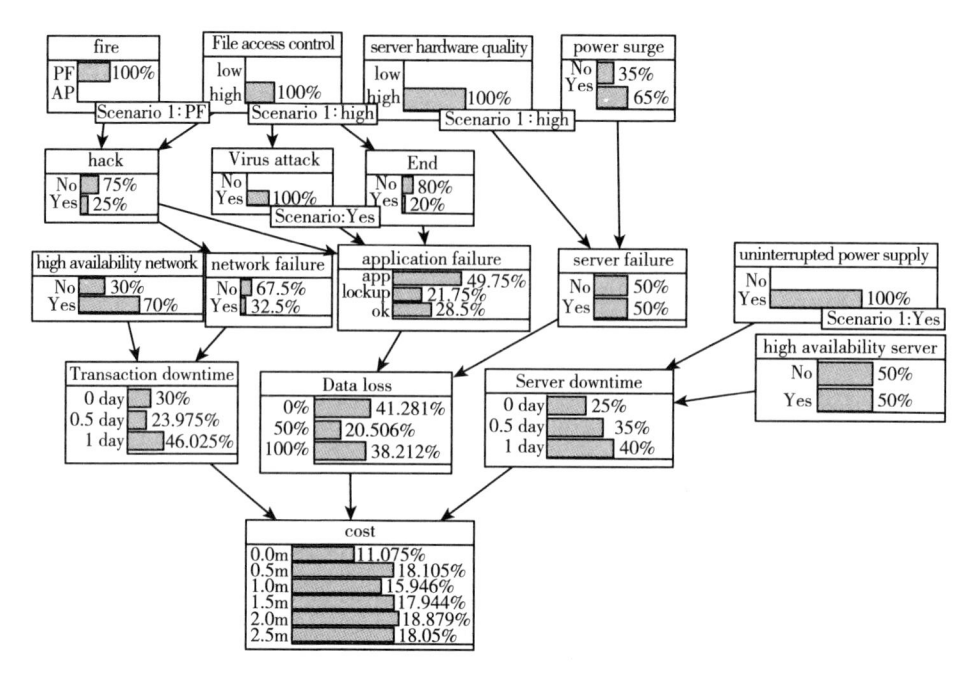

图 7-5　在观察的现象为表 7-7 时，贝叶斯网络情形

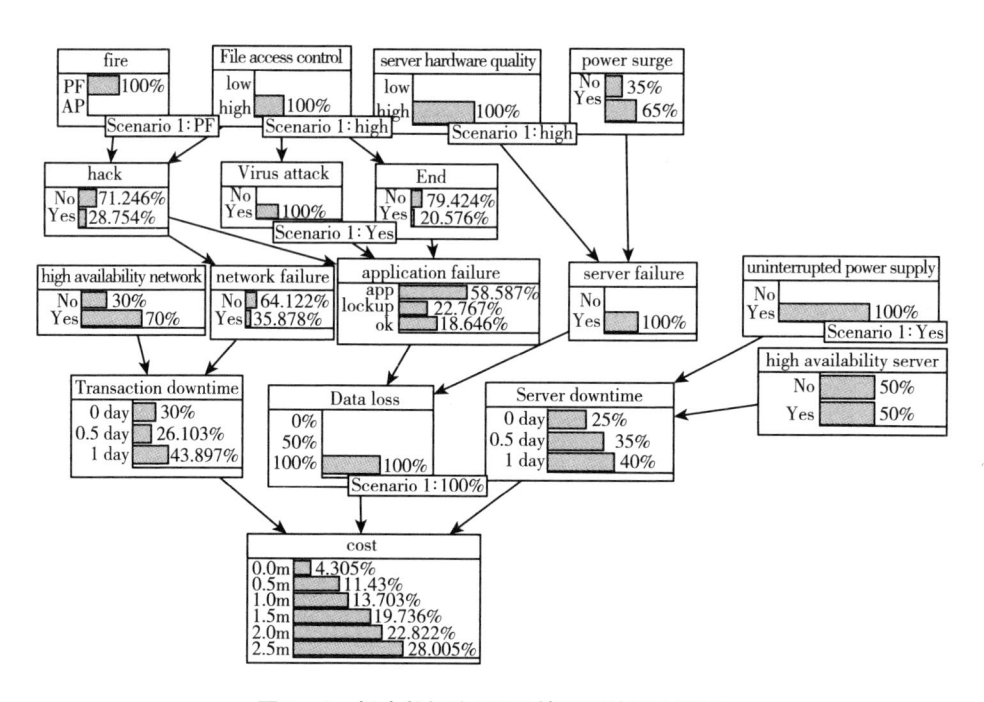

图 7-6　损失数据为 100% 情况下的压力测试

失概率分别为：0元的概率为4.305%、50万元的概率为11.43%、100万元的概率为13.7%、150万元的概率为19.736%、200万元的概率为22.822%、250万元的概率为38.005%。相应的风险资本金应该为165万元。

此外，管理层需要了解银行在线业务的所有风险因子可能引起的操作风险情形状况。基于以上建立的贝叶斯网络框架，附录二给出了在线业务中有可能引起操作风险损失情形的情况，并对相关情形的敏感度进行了分析。敏感度分析表明，系统应用程序失败、黑客攻击、交易密钥管理、病毒攻击对操作风险损失比较敏感，而防火墙对操作风险损失的敏感度不高。

第四节 本章小结

从巴塞尔新资本协议（Basel Ⅲ）中有关操作风险管理原理及中国银监会对操作风险管理的相关规定出发，设计了中国商业银行操作风险管理框架。从操作风险发生的来源看，8个业务线是操作风险发生的主要诱因。因此，本章根据各业务线中的有关风险因子建立了操作风险发生的内部"网络"图，并依此建立操作风险控制的贝叶斯网络模型。

从1994~2020年6月中国商业银行操作风险损失发生的主要类型看，操作风险在零售银行业务、商业银行业务及支付和结算业务中发生损失事件概率较大。以上业务线共同的特点都是基于网络的交易。本章以银行在线业务为例，应用贝叶斯网络模型模拟了业务线中的风险因子可能出现的情形所引起操作风险损失的情况，并进行了相应的情景分析和敏感度分析。依据贝叶斯网络模型，本章分析了三种情形下的因果关系，并分别计算了相应情形下的操作风险损失发生的条件概率及相应的资本金额。敏感度分析表明，系统应用程序失败、黑客攻击、交易密钥管理、病毒攻击对操作风险损失比较敏感，而防火墙对操作风险损失的敏感度不高。

第八章 结论和前瞻

第一节 主要结论

自 Basel Ⅱ 将操作风险列入三大风险之一后,对操作风险的相关研究得到研究机构和学者的青睐。欧美国家(或地区)学者及研究机构对操作风险的研究远超出 Basel Ⅱ 和 Basel Ⅲ 对操作风险度量和管理的相关规定。而在发展中国家,由于发展中国家对操作风险的重视程度不够,有关对操作风险的管理起步较晚。中国银监会对商业银行操作风险的相关规定在 2007 年正式出台,揭开了管理层开始重视操作风险的管理。尽管中国银监会对操作风险监管起步较晚,但学者对中国银行业操作风险的研究热情不减。截至 2020 年 7 月 25 日,中国知网(CNKI)数据库上,有关操作风险的论文达 12562 条。综观这些众多的论文,其研究大多宽泛且研究缺乏连续性。为了对操作风险有深刻理解,本书主要从国内外有关操作风险管理及研究的状况、中国商业银行操作风险损失数据特征及其服从分布情况、操作风险损失分布的拟合及度量、操作风险管理的角度对中国商业银行操作风险展开研究。主要研究结论如下。

一、金融系统漏洞频出,金融监管有待完善

21 世纪所经历的金融危机再次说明金融系统的脆弱性及监管体系的滞后性。同时,次贷危机和欧债危机警示人们金融产品越发达的地方越易滋生风险。探究次贷危机风险源头,我们发现金融产品的衍生致使其业务线的面与

线大幅度地拓展,该风险拓展即可称为操作风险的滋生,而相应的风险监管工具或监管制度缺失使得风险得以释放。通过比较欧美及亚太地区的操作风险监管,我们得出以下结论。

欧盟内部,操作风险监管力度有所放松。首先,既得利益博弈致使欧盟内部无统一的监管模式。在欧盟内部,金融监管存在多种形式,有依靠中央银行的,有单一监管形式和混合监管形式,以上监管形式都不是理论上最优的方式。对成员国来说,每个国家面临的是选择一种监管模式,它既要符合本国政治可行性、有效性,又要符合本国金融结构。其次,监管标准不统一。在欧盟,不存在统一的监管标准,但是欧盟法律以监管形式在成员国直接应用。在欧盟内部,成员国采用对金融监管采用的是欧洲偿付能力监管标准Ⅱ(Solvency Ⅱ)。为了确保Basel Ⅲ在欧盟成员国内的平衡应用,欧盟委员会对Solvency Ⅱ中的一些监管进行了相应的修改。

在美国,执行本国金融监管法,该法在某种程度上与巴塞尔新资本协议(Basel Ⅱ)相冲突。美国银行业金融监管依据《多德—弗兰克法案》。在操作风险监管方面,该法要求通过开发恰当的工具、程序以及可靠、安全和可充分改变容量的自动化系统建立和维持风险分析程序及识别和最小化操作风险(SEC. 725 p315)。在操作风险检验方面,该法要求监管组织至少1年一次对金融市场效用设计指导检查,其中,操作风险检查内部主要是确定操作风险对金融体制、重要市场和金融系统的影响(SEC. 807 - 808 P439)。在金融监管的资本要求方面,Basel Ⅲ可能会与美国在《多德—弗兰克法案》(P. L. 111 -203)下新的资本监管相冲突。在美国,银行平均总资产比率大约是10.52%。

由于发展中国家金融发展程度较低,金融监管仍有待提高。特别是操作风险监管,部分国家才刚刚起步。亚太地区银行部门呈多样化及分散的特点,有具备较发达的全球性服务功能的银行,也有发展中国家的小规模、本土化及有限服务的银行。更明显的是,由于亚太地区各国(或地区)的银行监管部门对操作风险的态度和各部门开展相关的操作风险管理经验差异,亚太地区银行在操作风险管理的时间安排上存在不一致性。发展中国家(地区)的银行较为不成熟,一般采用指标法或标准法。

二、中国商业银行操作风险损失数据分布服从 GEV 分布

1994~2020 年 6 月，中国银行共发生操作风险损失事件 43 起，损失共计 142.88 亿元；中国建设银行操作风险损失事件 35 起，损失共计 25.84 亿元；中国工商银行操作风险损失事件 39 起，损失共计 37.94 亿元；中国农业银行发生操作风险损失事件 43 起，损失共计 445.17 亿元；光大、民生、华夏、中信银行操作风险损失事件共 35 起，损失累计 82.31 亿元；浦发、兴业、地方商业银行及信用社操作分析损失事件共 74 起，损失累计 133.27 亿元。从操作风险损失的业务部门来看，操作风险在零售银行业务、商业银行业务及支付和结算业务中发生损失事件次数较大，其中零售银行业务中操作风险损失事件达 149 起。从操作风险损失金额看，操作风险损失最大的在商业银行业务，其次是支付和结算业务。从操作风险损失不同类型看，操作风险损失事件发生最多的是内部欺诈，其次是外部欺诈。

通过对中国商业银行操作风险服从的分布来看，广义极值分布（GEV）分布能较好地拟合操作风险损失分布，另外通过 AIC、BIC 检验，与正态分布、对数正态分布相比，广义极值分布较理想；其次，通过实证检验结果表明，中国商业银行操作风险损失分布不服从泊松分布。最后，通过贝叶斯 MCMC 方法对 GEV 分布的可靠性进行检验，我们发现随着模拟次数的增加，操作风险的 GEV 分布的可靠性逐渐增加。

三、中国商业银行操作风险损失的拟合与度量

理论上，对低频高损的风险研究，较理想的统计方法是基于在一段时期内对每一个大的损失进行分析。而极值理论就是通过统计原理分析，以建立分析特殊情形事件的方法和模型。因此，对操作风险损失采用极值理论是较好的选择。

对于中国商业银行操作风险模拟，我们采用数据拟合方法。基于不同的模型，该方法又可分为区组（Block Maxima）和超阈值两种模型，两种模型所对应的分别为广义极值分布（GEV）和广义帕累托分布（GPD）。

极大似然估计是极值理论模型较理论的实证检验方法。通过极大似然估计方法得到中国商业银行操作风险极值分布的位置参数、尺度参数、形态参数分别为 717.61、78119.4 和 1.72。对模型的诊断表明，中国商业银行操作风险损失的概率、分位数图、重现水平曲线、密度曲线的四个诊断图都支持极值模型的合理性。

通过 MCMC 模拟，我们发现 MCMC 模拟的位置参数、尺度参数、形态参数与极大似然方法估计得到的参数非常比较吻合。

对 GPD 分布中的超阈值诊断表明，超阈值模型中阈值取值 $u = 160000$，重现水平和形态参数的轮廓对数似然函数得到的结果与 MLE 估计结合比较吻合，中国商业银行操作风险数据的阈值超出量模型诊断图支持操作风险损失分布近似于 GPD 分布。

应用 POT 模型估计参数方法有多种，主要有 EVT 模型、g-and-h 模型、g-and-h 和 EVT 相结合模型、贝叶斯方法模拟、极大似然估计、矩估计、概率权重矩估计等。从估计效果看，恩布雷希茨等认为 g-and-h 模型、g-and-h 和 EVT 相结合模型估计得到参数比 EVT 模型得到参数效果更好。科尔斯等认为，极大似然估计和概率权重矩估计可灵活和有效地估计极值分布的参数。基于中国商业银行操作风险所遵循的 GEV 分布，抑或 GPD 分布，因此本书仍然采用 POT 模型度量。

从应用 POT 模型度量操作风险损失结果看，超阈值的数据分布仍然呈现厚尾部特征，是典型的极值分布。应用极大似然估计、矩估计、概率权重矩估计等方法对超阈值的分布的尺度参数和形态参数的估计表明，极大似然估计、矩估计、最小密度势力收敛估计和最大补偿似然估计得到的尺度参数和形态参数结果较为一致，而皮坎达斯（Pickands）估计和有偏的概率权重矩估计得到尺度参数和形态参数与其他估计方法得到参数估计值差异较大。

四、中国商业银行操作风险的控制

从巴塞尔新资本协议（Basel Ⅲ）中有关操作风险管理原理及中国银监会对操作风险管理的相关规定出发，设计了中国商业银行操作风险管理框架。

从操作风险发生的来源看，8个业务线是操作风险发生的主要诱因。因此，本章根据各业务线中的有关风险因子建立了操作风险发生的内部"网络"图，并依此建立操作风险控制的贝叶斯网络模型。

依据贝叶斯网络模型，分析了三种情形下的因果关系，并分别计算了相应情形下的操作风险损失发生的条件概率及相应的资本金额。敏感度分析表明，系统应用程序失败、黑客攻击、交易密钥管理、病毒攻击对操作风险损失比较敏感，而防火墙对操作风险损失的敏感度不高。

第二节 未来主要关注方向

次贷危机的阴影已经逐渐散去，但对次贷危机的思考从未停止，它的发生折射出我们对系统性金融风险框架研究的缺失。如果能够提前预测和应对长期积累的全球性金融不平衡，或许监管层能够控制系统性的金融风险，进而避免给宏观经济造成严重冲击。然而，世界各国的机构对系统性风险的理解还存在一定偏差，在宏观经济看似稳健的背景下金融系统一片繁荣，很少有机构会注意到系统性金融风险，往往对金融系统的自身调节能力过于自信，进而低估由于信用和资产价格膨胀（尤其是房地产部门）而累积的债务和杠杆带来的严重后果，同时也对金融创新和放松监管对增强经济泡沫性、金融不平衡失控对实体经济的严重冲击的理解还不够透彻。

从政策角度看，起初金融风险监管主要从微观角度分析，次贷危机后风险监管的微观审慎政策已不能适应金融系统对风险管理的要求，因此监管当局希望借助更有效的监管方式以应对复杂的金融风险，同时催生了 Basel Ⅲ 的出台。然而，宏观审慎政策最初研究过于集中在宏观审慎工具及其使用、宏观审慎政策执行及其效果、与货币政策的关系等方面。随着研究的深入，人们意识到全球金融市场需要一整套新的宏观审慎政策工具体系来更直接地影响信用的供给，因为信用和资本价格的周期是影响宏观经济波动和潜在金融不稳定的关键因素。宏观审慎政策更加注重包含系统性风险，政策着眼点不只限于确保一段时期的金融稳定，还要注意时间点上的风险积累对其后金融稳定的影响。

鉴于以上情况及中国商业银行操作风险目前的状况，未来的关注方向主要有宏观和微观审慎的监管框架的研究、操作风险计量方法的跟踪研究、中国银监会关于操作风险的监管追踪研究。

一、关于宏观和微观审慎的监管框架的研究

根据克莱门特（Clement，2010）的描述，"宏观审慎"的起源可追溯到20世纪70年代末期未公开发表的文章，即库克委员会（Cooke Committee）的会议记录及英格兰银行的文件。在该期间，博里奥（Borio，2009）将"宏观审慎"与宏观经济有关的系统性监管方向联系。直到20世纪80年代中期才陆续有公开发表的宏观审慎政策文章。BIS（1986）商讨了宏观审慎政策，并指出其目标是维护金融系统和支付机制的安全性和稳健性。

21世纪初，科恩（Kohn，2009）、布劳维尔（Brouwer，2009）等的研究将宏观审慎作为一种管理和监管方法的理念得到新的发展，次贷危机后，宏观审慎术语的使用变得更加普遍，学者们对宏观审慎的研究和探讨也愈加深入。

然而，迄今为止学术界对宏观审慎政策的客观目标还未达成一致意见，广义来讲，它的目标就是金融稳定，但问题就在于学术界对金融稳定有不同的定义。总体来说存在两类不同的观点：第一种，如艾伦和伍德（Allen & Wood，2006）把金融稳定定义为金融系统抗外部冲击的能力；第二种强调金融灾难的内生性特点，因而把金融稳定定义为金融系统自身对来自内部或外部的正常冲击触发金融灾难的修复能力。尽管在具体政策目标上存在不同观点，但是宏观审慎在控制风险和系统性危机成本方面的目标是大体一致的，宏观审慎政策与"周期预算平衡论"的思想实质上是一致的，它实质上也是一种对冲力量来保证为经济提供稳定的金融中介服务（支付服务、信用中介和保险等）。总之，宏观审慎政策主要利用审慎工具来限制系统性的或系统范围内的金融风险，降低关键金融服务破坏的发生率，从而避免给实体经济造成严重冲击，该政策主要通过以下两种方式实施：第一种方式，抑制金融不平衡的积累和对随后急速、严重的下滑趋势及其对经济的影响建立防御措施；第二种方式，鉴别和定位共同风险暴露、风险集聚度以及由于机构相互

联系形成的风险传染和风险溢出而导致的整个体系的瘫痪（BIS，2011）。

宏观审慎政策对风险监管而言并不新鲜，2001年由巴塞尔委员会主持的中央银行经济学家年度会议的主题"金融稳定：微观审慎与宏观审慎合并的视角"就提出了宏观审慎监管系统性风险的要求（BIS，2001）。因此，宏观审慎政策对风险监管并不是独立的，宏观审慎政策可以和微观审慎监管同时使用。博里奥（Borio，2003）、汉努恩（Hannoun，2010）的研究表明，宏观审慎与微观审慎的区别在于风险监管的目标、范围和使用工具上。从宏观审慎政策和微观审慎监管实施效果来看，2008～2009年的国际金融危机警示我们，以微观审慎监管为主的金融监管已不能达到稳定金融系统的要求。巴塞尔委员会于2011年2月14日发表了《宏观审慎政策工具和框架》的文件，以加强对系统性风险的监管，维护金融系统稳定。米尔恩（Milne，2010）的研究表明，宏观审慎政策在使用上也出现了问题，即次贷危机后，政府鼓励私人信贷扩张与宏观审慎政策控制信贷扩张的矛盾。但宏观审慎政策对金融稳定还是有重大贡献的。巴雷尔等（Barrel et al.，2010）对宏观审慎政策的校准表明，宏观审慎政策所要求的资本和流动性增加与反周期性中抑制泡沫膨胀一致，因此宏观审慎政策可以抵消银行业中特别的宏观经济风险。

关于宏观审慎政策及其监管方面国内学者也有相关研究。苗永旺、王亮亮（2010）对宏观审慎监管概念、必要性和宏观审慎监管对金融系统系统性风险监测及政策工具加以介绍，并对宏观审慎监管的研究方向进行了分析。为了加强对金融风险监管，王振中（2010）认为，国际上应迅速建立起宏观审慎的监管框架，中国应尽快建立适合我国的宏观审慎监管机制。目前银行面临的一个潜在系统性风险就是地方债务风险，加强宏观审慎监管就是要严格执行商业银行贷款分类制度，查清地方融资平台的风险头寸，降低风险。

（一）次贷危机后微观审慎向宏观审慎政策转变

1. 次贷危机要求监管方式从微观审慎监管过渡到宏观审慎政策层面

次贷危机使人们意识到单个机构的理性策略并不能带来集体理性，当某些部门发生危机时，风险会迅速扩散传染给整个金融系统，导致整个金融系统的严重危机，所以对单个机构或部门的监管不能控制风险传染和风险溢出，进而无法保证为经济提供稳定的金融中介服务。对宏观审慎政策的研究开始向时间和跨部门两个维度方面深入，佩罗蒂和苏亚雷斯（Perotti & Suarez, 2009a）认为，由于单个机构策略对整体金融系统具有负的外部性，因此，监管的目标不但要考虑个别机构的风险，更要把握风险的跨部门传递情况，宏观审慎政策要注重减少由于各部门联系导致的系统性风险和整体部门的风险暴露，以及其后续的在金融系统中的扩散效应。

金融稳定要从整体考虑，单个金融部门健康不等于整个金融部门健康。因此，加强金融监管、控制系统性风险应该从整个金融出发，分别考虑单个部门状况。基于以上考虑，笔者认为，后危机时代，对金融监管的思想应从微观审慎向宏观审慎政策转变。为更好地把握宏观审慎政策的内涵，引入博里奥（2003）有关微观审慎和宏观审慎的对比情况，见表 8-1。从表 8-1 可看出，宏观审慎与微观审慎的区别表现在直接目标、最终目标、风险特征、相关性及审慎控制标准等五个方面。

表 8-1　　　　　　　　宏观审慎与微观审慎的区别

	宏观审慎	微观审慎
直接目标	限制整个金融系统灾难	限制个别部门灾难
最终目标	避免由金融动荡带来宏观经济成本损失	消费者（投资者/储蓄者）保护
风险特征	内生性（由集体行动决定）	外生性（独立于单个机构的行为）
相关性、跨部门共同暴露	重要	不相关
审慎控制校准	按系统性全面风险；从上到下	按单个机构风险；由下而上

资料来源：Borio, C. Towards a Macroprudential Framework for Financial Supervision and Regulation? BIS Working Paper, 2003（128）.

2. 宏观审慎政策实施效果分析

货币政策和财政政策的目标都是达到金融稳定，这与宏观审慎政策目标一致。有货币政策和财政政策，再加之国家的行政干预，难道实施效果不如宏观审慎政策吗？为此，通过比较促进金融稳定的相关工具，各种工具在使用方法和最终目标上均存在差异。通过表 8-2，可以看出，财政政策、货币政策、资本控制、微观审慎政策与宏观审慎政策的最终目标和使用方法上都存在区别。

表8-2　　　　　　　　　促进金融稳定的相关工具比较

工具组合	目标	方法
审慎政策：微观审慎	限制单个部门灾难	合格资本、充足资本，杠杆比率
审慎政策：宏观审慎	限制整个金融体系灾难	对冲资本支付
货币政策	价格稳定	利率政策；基准购回债券
	流动性管理	抵押品政策；储备金率；
	调整资金的不平衡	利率政策；存款准备金率；控制流动性；外汇储备缓冲池
财政政策	总需求管理	税收；自动稳定器；相机决策
	建立财政缓冲池	减少负债水平
资本控制	现在整个货币体系的非配对	限制外汇头寸开放；限制外汇资产类型
基础设施政策	加强金融系统设施的恢复力	控制交易中心衍生品交易

资料来源：Hannoun, H. Towards a Global Financial Stability Framework. Speech at the 45th SEACEN Governors´Conference, Siem Reap province, Cambodia, 2010: 26-27.

与其他促进金融稳定的工具相比，宏观审慎考虑的是整个金融系统的金融稳定，所使用的方法是对冲方法，如限制顺周期等方式进行，这种方式对经济的影响有限，而其他方法顶多算微观审慎工具，考虑的是单一部门的目标，实施方式对经济的影响较大。鉴于以上比较，与促进金融稳定的工具相比，宏观审慎政策实施效果较好。

从宏观审慎政策框架内部结构比较来看，其结果表明宏观审慎工具可以达到对金融监管的目的，并可有效地控制系统性风险。宏观审慎工具的分类多种多样，本书采用BIS（2008）的分类，详见表8-3。表8-3显示，宏观审慎工具主要从10个方面出发，主要包括资本要求、流动性标准、信息披露制度、风险集中限制等方面内容。

表8-3　　　　　　　　　　　宏观审慎工具

1. 风险管理方法论	范例
银行业	依周期对风险度量标准进行校准
监管者	以企业评级方式周期性地约束；开发度量系统性弱点（例如：整体风险暴露和风险预测，企业间联系加强）的方法，并作为审慎工具校准的基础；官方系统性风险评估和宏观压力测试结果的信息交流

续表

2. 金融报告	范例
会计标准	更少采用顺周期的会计准则；采用动态准则
审慎筛选	调整会计数据用作审慎工具校准的基础；资本方面追加的审慎规定；措施过渡的平稳性；条款或最大条款率目标适时调整
披露	披露各种不同的风险（例如：信用、流动性）、风险评估不确定性和财务报表中价值的不确定性
3. 资本监管	
支柱1	系统性的资本超负荷；减少资本监管要求对周期某一时点的敏感性，而转向依度量的风险变化进行敏感调整；引用周期性乘数至时点数据；提高特定类型的风险暴露监管要求（例如 Basel Ⅱ中重点讨论的那些需要宏观审慎的具有更高风险权重的风险类型）
支柱2	把监管与经济周期状况联系起来
4. 资金流动性标准	依周期制定资金流动要求；集中度限制；外汇贷款限制；外汇储备要求；限制货币错配；外汇头寸开放限制
5. 抵押安排	相机变动的放贷与价值比率；保守的最大放贷与价值比率和抵押品价值评估方法；限制以资本价值增加为基础的信贷扩张；对经济周期微调
6. 风险集中限制	对个别种类的风险暴露增长进行数量限制；（适时）对特殊形式的信贷征收利率附加费
7. 赔偿金安排	指导将绩效支付与事前以更长远眼光所考查的风险联系一起；债务的拖欠；监管过程的强化
8. 利润分配限制	限制好时期的红利发放以备不好时期的缓冲
9. 保险机制	不定期的资本注入；先期资助的系统性风险保险计划是对银行资本增长超出某种范围的征税来进行融资的；先期资助的存款保险的保费不光要与微观变量（个别机构）更要与宏观（系统性风险）变量紧密地联系在一起
10. 管理的失误及其解决措施	监管政策的停止要看系统压力情况；监管在繁荣时期要比危难时期有更严格的介入

资料来源：Borio, C. and H. Zhu. Capital Regulation, Risk-taking and Monetary Policy: A Missing Link in the Transmission Mechanism? BIS Working Paper, 2008 (268).

（二）次贷危机后宏观审慎政策框架内容

次贷危机后，各国或地区、国际组织要求对金融风险监管向宏观审慎监管转变呈常态化。宏观审慎政策是相对微观审慎政策而言，况且很多政策都会影响到金融稳定和系统性风险，因此并不是所有的政策都应该列入宏观审慎政策范围。但宏观审慎政策不是独立于微观审慎和宏观经济政策，而是后者的有益补充。

宏观审慎政策旨在从两个维度强调系统性风险，即时间维度——整个系统性风险演进的时间维度；跨部门维度——特定时点上金融系统风险分布。时间维度主要从减缓金融系统的顺周期性，而跨部门维度主要从化解系统性风险的集聚。宏观审慎政策框架的两个维度，需要政策制定者对其进行全面的监管。以下从两个维度中的政策工具来阐述宏观审慎政策框架内容。

1. 时间维度的政策工具

时间维度政策工具是从减缓金融系统的顺周期性行为出发，一些政策认为借助国际水准达到以上目的，另一些政策则认为从国家水准就可达到以上目的。

（1）国际水准。从 Basel Ⅲ 角度看，Basel Ⅲ 框架内的一系列规定（如最低资本金要求、减少顺周期的风险权重资产）可抑制顺周期波动。此外，以反周期资本缓冲形式，Basel Ⅲ 把宏观审慎置于特别地位。当超额信贷扩张导致系统性风险形成时，资本缓冲可用于堆积风险，并且当风险传染时，资本缓冲使用不受约束。资本缓冲的建立需要合理的分配资本，资本缓冲中的资本适用第一支柱中的普通资本（CET 1）和完全可承受损失资本，风险权重资产的比率从 0~2.5% 不等，根据不同国家的状况，实施资本缓冲可超过 2.5%。依据一些权限，银行业可根据信贷风险暴露持有资本缓冲，该缓冲是国内银行和国际银行风险暴露的平均值。对银行来说，永久性资本保护缓冲（CET 1 下 2.5% 的资本）允许银行消化损失而不引起对最低资本的冲击，因此减缓了现在信贷的压力。在资本保护缓冲使用规模方面，Basel Ⅲ 认为资本保护缓冲规模在危机期间应部分依据自上而下的损失评估原则，该原则有利于合理分配资本，可达到对风险有效消化。另外，在金融周期的膨胀阶段中，额外最低资本杠杆比率和新的流动性标准有助于限制金融系统中的不平衡状态。

从减少证券化抵押品角度看，全球金融系统委员会于 2010 年文件建议在经济景气时强化降低构建杠杆途径，限制杠杆作用，同时在市场萧条时，缓和整个系统效应。在该文件中，全球金融系统委员会开发了涉及度量减少反周期波动限制在证券融资市场中的顺周期作用，而在去杠杆化过程中可缓和系统性的影响。

从预期损失准备角度看，国际会计标准委员会（IASB）和美国金融会计标准委员会（FASB）已发布征求意见稿，该文件表明预期损失准备方案将为早期识别信贷损失提供便利化，且有助于抑制顺周期。巴塞尔委员会于2010年6月就国际会计标准委员会提议的预期损失准备方案已给出了具体操作意见。IASB和FASB根据G20和金融稳定委员会（FSB）的要求达成共同解决方案，该方案对采用IASB-FASB征求意见稿中有关预期损失方法的信贷损失做出的解释需要具有前瞻性。

（2）国家水准。一些国家在特定时点上所采用的宏观审慎工具与上述国际上新的且达成一致的宏观审慎标准相独立，以价格和总量为基础的国家层面上的宏观审慎工具可以缓解顺周期的影响。在以价格为基础的宏观审慎工具中，出现超额信贷增长和资产价格泡沫时会对某一工具、部门或市场（例如以外国货币主导的贷款、消费信贷、房地产、股票市场）的风险暴露权重进行反周期性的调整。以数量为基础的宏观审慎工具通过加强随时间变化的额定范围和对信贷需求的限制进行反周期的调整。

可见，考虑到不同国家的具体情况，国家层面的宏观审慎应强调超额信贷或资产价格增加的影响及相关措施。同样，对于国家而言，可用的宏观审慎政策还包括货币政策及与货币政策有关的其他政策。

2. 跨部门维度的政策工具

（1）国际水准。Basel Ⅲ资本协议侧重于整个金融体系的稳定，同时也注重对微观部门的监管。Basel Ⅲ新标准通过增加银行资本和补充流动性措施为宏观审慎政策提供了强有力的支撑。此外，在Basel Ⅲ框架下，巴塞尔委员会发布了其他一些文件，这些文件通过减缓由于企业层面风险暴露所引起的风险，有助于说明系统性风险和全球系统性内部风险相关性。文件的内容包括：对交易和衍生品业务的高资本要求，证券化和表外业务风险暴露的复杂性以及银行使用集中交易对手的场外衍生品交易的资本激励；流动性要求以及金融部门内部风险暴露的高资本要求。

除了巴塞尔委员会对跨部门宏观审慎政策有了规定外，金融稳定委员会和系统重要性金融机构（SIFIs）也对宏观审慎政策工具有了规定。2010年11月，G20会议赞同了FSB有关道德风险的风险政策框架和SIFIs有关外部性的内容。FSB框架中的道德风险和SIFIs外部性内容主要关系以下四个方面：第一，减少可能的失败以提高损失承受能力；第二，促进有效的调整或解约SIFIs的失败，化解SIFIs的失败对金融系统的影响；第三，增强对SIFIs的监管；第四，加强核心金融市场建设，降低风险蔓延。

以上对于跨部门维度的宏观审慎政策工具的重大领域已进行阐述，而阻止风险蔓延到场外衍生品市场的基础设施领域还未涉及。强调场外衍生品市场基础设施的宏观审慎政策工具目的是降低风险在跨部门间的传染。

（2）国家水准。对国家支付账户的监管和支付安排的结算一直以来在减少单个企业的过失引起系统性风险中起着重要角色。最近，一些国家（地区）提议或引进结构性方法管理风险集中，对系统内可允许的活动极大程度地进行限制。因此，跨部门维度的宏观审慎政策工具设计还需考虑不同国家或地区的不同情况。

（三）Basel Ⅲ框架、宏观审慎政策及其发展方向

1. Basel Ⅲ与宏观审慎政策

在Basel Ⅱ框架下，宏观审慎政策已引起巴塞尔委员会、金融监管当局、学者的重视。但在Basel Ⅱ框架下微观审慎仍然为主要防范金融风险的工具。次贷危机后，世界主要经济体和国际金融组织都在着力于推行以宏观审慎政策为核心理念的金融监管方式，予以防范和化解金融系统内的系统性风险。

2008～2009年的全球性金融危机，使各国致力于建立稳健的金融系统，2010年G20领导人会议就Basel Ⅲ框架达成一致协议，即Basel Ⅲ旨在促进更加稳健的金融系统。此后，巴塞尔委员会于2010年12月分别出台了《Basel Ⅲ：为保障银行及银行系统更具活力的全球监管体系》和《Basel Ⅲ：流动性风险度量、标准和监督的国际性框架》两个代表性文件。《Basel Ⅲ：为保障银行及银行系统更具活力的全球监管体系》就最低资本要求和资本缓冲池方面做出了相关规定，具体包括资本的定义、构成、风险覆盖、资本保护缓冲、逆周期性缓冲、杠杆比率等方面。《Basel Ⅲ：流动性风险度量、标准和

监督的国际性框架》从监管标准（流动性保证金比率、净稳定资金比率）和监管工具（合同到期错配、以市场为导向的监管工具、LCR）方面进行阐述。可见，这两个文件都是从微观到整体的金融监管方法，体现了宏观审慎政策的金融风险监管的要求。

随后，巴塞尔委员会于 2011 年 2 月 14 日发表了《宏观审慎政策工具和框架》的文件，该文件集成了 G20 财长、中央银行行长于 2010 年 11 月在韩国首尔讨论的成果。成果主要包括监管改革、设计政策工具加强金融系统恢复能力，以及尝试在国家和地区层面建立完善宏观审慎政策框架。

从以上分析可以看出，Basel Ⅲ 是为了建立更加稳健、安全的金融系统，这与宏观审慎政策的目标一致；另外，Basel Ⅲ 框架从资本流动、银行系统、最低资本要求等方面加以规定，最后达到整个金融系统的稳定，体现了从微观审慎向宏观审慎政策（监管）的要求。再者，宏观审慎政策在 Basel Ⅲ 框架下进行。宏观审慎政策的方法、目标都是在 Basel Ⅲ 框架下进行。可见，Basel Ⅲ 框架下更强调宏观审慎框架对金融监管的作用。

2. 宏观审慎政策未来发展方向

在 Basel Ⅲ 框架下，宏观审慎政策将是金融监管当局用于稳定金融体系的重要手段。但 G20 对宏观审慎政策的讨论只达成了整体性框架，对于未来宏观审慎政策的实施以及宏观审慎框架的调整等需要进一步完善。总的来说，关于宏观审慎政策的未来发展方向可以归纳为以下六点。

（1）收集全面的信息和数据以支持系统性风险的识别，设计模型以更好地识别系统性风险。

在日常业务中，信息披露的不及时，导致监管者对风险识别的失误。Basel Ⅲ 框架就信息披露制度、信息披露流程等有了明确的规定。建立完善的损失数据及其他与宏观经济有关的数据是识别风险的重要工程，以往的危机告诉我们，数据的缺失或数据的滞后性是管理层对风险识别失误的关键。建立完善的信息披露和数据收集需要建立健全管理体制。健全的管理体制，有助于信息第一时间反馈至管理层，从而实现决策层与风险识别的透明化。

（2）设计工具识别、度量系统性风险，对系统性风险的了解有利于制定正确的政策。

化解系统性风险,首先必须了解系统性风险。对系统性风险识别及度量的了解不足,是系统性风险频频爆发的必然因素。基于现有经验,要努力建立适合现代金融体系的系统性风险识别和度量工具。其次,基于对系统性风险的了解,管理层可制定相关的政策以化解风险。

(3) 设计有效的宏观审慎工具和方法,包括选择和校准宏观审慎政策的工具、方法的效力标准。

宏观审慎政策建立后,需要不定时地对其进行检验,检验内容包括:宏观审慎政策工具的效力、宏观审慎政策的方法适用性。周期性的不定期对宏观审慎政策的检验有助于及时发现问题,并及时调整宏观审慎工具或方法的标准,以达到稳定金融系统的目的。

(4) 设计合适的监管安排以实现宏观审慎政策实施效力。

宏观经济是一个不断变化的系统,而宏观审慎政策则是一个较为固定的监管框架。鉴于此,对宏观审慎政策的安排应该考虑监管时效性与实施效力统一的标准。要达到以上标准,则需要设计合理的监管安排。对监管当局而言,未来考虑宏观审慎政策应侧重设计有效的监管安排体制。

(5) 设计减缓金融风险与实体经济传染的缓冲带。

一般来说,金融风险与实体经济相关性较强,金融风险一旦发生,容易传染至实体经济,另外,实体经济发生蜕变(如经济危机),金融部门的稳定性难以得到有力的保障。因此,研究实体经济与金融风险相关传染的缓冲区显得尤为重要。我们认为,应该在金融风险与实体经济之间建立"隔离墙",加强对风险的控制和引导,直至在本部门内消化风险。

(6) 宏观审慎政策与国家或地区政策相协调。

考虑到国家或地区的不同,宏观审慎政策的制定需要各个主权国家或地区的政策。不同国家或地区的宏观经济层面不一,宏观审慎政策的货币政策、财政政策、资本流动性等要求可能与国家或地区的政策不一,这就需要对宏观审慎政策及其框架进行调整,使其以最大效率发挥稳定金融系统的作用。

二、操作风险度量的新的研究方法

一致认为,操作风险损失呈厚尾部特征。对操作风险该特征的度量已有较多方法，如极值理论、VaR 方法，这些方法可进一步完善。

根据操作风险的定义，操作风险的发生并不是必然事件，而是由于人为或内部程序及外部不可抗拒因素所引起的。因此，操作风险损失的发生可理解为在各业务线存在某种概率分布。依据概率理论，舍甫琴科（2010）系统地阐述了用贝叶斯理论建立操作风险度量方法。当所涉及的业务线中风险因子较多时，贝叶斯推断适用性受到限制。贝叶斯网络方法逐渐应用到操作风险度量上，但有关用贝叶斯网络方法度量操作风险的文献不是很多，以后应该成为一个发展方向。

三、中国银监会关于操作风险新的规定

金融系统的脆弱性及近年来中国商业银行因操作风险所招致的损失较大，中国银监会开始重视商业银行操作风险的监管工作。就加强操作风险监管及完善操作风险度量方法方面，2008 年和 2009 年中国银监会分别出台了《商业银行操作风险监管资本计量指引》和《商业银行资本计量高级方法验证指引》两项措施。2010 年 12 月，巴塞尔委员会公布了《操作风险管理和监管的稳健性措施》和《操作风险高级计算方法的监管原则》两项征询意见稿。2011 年以来，中国银监会充分吸取商业银行操作风险监管的成功经验并考虑到国内银行经营和操作风险管理实践，以巴塞尔新资本协议（Basel Ⅲ）下操作风险监管为基础，对商业银行诸多业务线的监管提出了新的监管准则，这些准则可归结于表 8-4。2011 年 1 月 5 日，中国银监会颁布的第 1 号令《中国银行业监督管理委员会关于修改〈金融机构衍生产品交易业务管理暂行办法〉的决定》明确规定，加强业务线的事前、事后风险管理，并要求建立完善的市场风险、操作风险和信用风险管理框架。2011 年 1 月 13 日，银监会公布了《商业银行信用卡业务监督管理办法》，该指令要求银行建立健全信用卡业务风险管理和内部控制体系，明确了商业银行应建立健全信用卡操作风险的防控制度和应急预案，有效防范操作风险。2011 年 4 月 27 日，银监会颁布了第 44 号指令，即《中国银监会关于中国银行业实施新监管标准的指导意见》，该指令要求监管部门要将商业银行新监管标准实施准备情况以及实施进展纳入日常监管工作，对各

行新监管标准实施规划执行情况进行监督检查。此外，2011年8月15日，银监会就《商业银行资本管理办法》公开征求意见，其旨在规范监管资本要求、资本充足率计算、资本定义、信用风险加权资产计量、市场风险加权资产计量、操作风险加权资产计量、商业银行内部资本充足评估程序、资本充足率监督检查和信息披露等。2015年6月5日，银保监会发布了《关于加强银行业金融机构内控管理有效防范柜面业务操作风险的通知》（以下简称《通知》），该《通知》从制度顶层设计、重点环节防控、客户服务管理、危机处置以及加强监管方面提出了具体要求。

表8-4　　2011年以来中国银监会公布有关操作风险监管的相关条例

序号	出台细则	文件号	日期	主要内容
1	《中国银行业监督管理委员会关于修改〈金融机构衍生产品交易业务管理暂行办法〉的决定》	2011年第1号	2011年1月5日	与原条例相比，此次修订增加了许多内容，如明确了银行业金融机构范围、市场准入条件、风险管理等方面。明确了完善衍生品交易前、中、后台自动连接的业务处理系统和实时的风险管理系统。要求建立严格的业务分离制度，确保套期保值类业务与非套期保值类业务的市场信息、风险管理、损益核算有限隔离。建立完善的市场风险、操作风险、信用风险等风险管理框架
2	《商业银行信用卡业务监督管理办法》	2011年第2号	2011年1月13日	建立健全信用卡业务风险管理和内部控制体系，严格实行授权管理，有效识别、评估、监测和控制业务风险。明确了商业银行应建立健全信用卡操作风险的防控制度和应急预案，有效防范操作风险
3	《中国银监会关于中国银行业实施新监管标准的指导意见》	2011年第44号	2011年4月27日	要求监管部门要将商业银行新监管标准实施准备情况以及实施进展纳入日常监管工作，对各行新监管标准实施规划执行情况进行监督检查

续表

序号	出台细则	文件号	日期	主要内容
4	银监会就《商业银行资本管理办法》公开征求意见		2011年8月15日	对监管资本要求、资本充足率计算、资本定义、信用风险加权资产计量、市场风险加权资产计量、操作风险加权资产计量、商业银行内部资本充足评估程序、资本充足率监督检查和信息披露等进行了规范
5	《关于加强银行业金融机构内控管理有效防范柜面业务操作风险的通知》		2015年6月5日	从制度顶层设计、重点环节防控、客户服务管理、危机处置，以及加强监管方面提出了具体要求

资料来源：根据中国银行保险监督管理委员会网站资料整理而得，www.cbrc.gov.cn。

附录一 银行在线业务中的相关因子的先验概率分布

附表1　　交易密钥管理和高兼容性系统的先验分布

交易密钥管理		高兼容性系统	
高	低	是	不是
0.95	0.05	0.7	0.3

附表2　　高兼容服务和防火墙的先验分布

高兼容服务		防火墙	
是	不是	代理服务	数据包过滤
0.5	0.5	0.05	0.95

附表3　　用户权限、服务硬件和备用系统的先验分布

用户权限		服务硬件		备用系统	
是	不是	高	低	高	低
0.25	0.75	0.5	0.5	0.5	0.5

附表4　　给定防火墙的先验概率分布情况下黑客攻击的条件概率

防火墙		过滤		代理	
	交易密钥管理	低	高	低	高
黑客攻击	不攻击	0.1	0.75	0.25	0.85
	攻击	0.9	0.25	0.75	0.15

附表5　　病毒攻击和终端用户权限的条件概率

	交易密钥管理	低	高		交易密钥管理	低	高
病毒攻击	不攻击	0.2	0.9	终端用户权限	不修改	0.3	0.8
	攻击	0.8	0.1		修改	0.7	0.2

附录一　银行在线业务中的相关因子的先验概率分布

附表 6　系统失败的条件概率

系统失败	黑客攻击	不攻击	攻击
	否	0.9	0
	是	0.1	1

附表 7　系统应用程序失败的条件概率

	黑客攻击	不攻击				攻击			
	终端用户修改权限	不修改		修改		不修改		修改	
	病毒攻击	不攻击	攻击	不攻击	攻击	不攻击	攻击	不攻击	攻击
系统应用程序失败	应用程序崩溃	0.0	0.4	0.05	0.4	0.5	0.75	0.5	0.95
	应用程序锁住	0.0	0.2	0.2	0.3	0.2	0.25	0.5	0.05
	应用程序完好	1.0	0.4	0.75	0.4	0.3	0.0	0.0	0.0

附表 8　交易滞后的条件概率

	系统失败	否		是	
	高兼容性系统	不是	是	不是	是
交易滞后	0 天	1.0	0.0	1.0	0.0
	0.5 天	0.0	0.05	0.0	0.95
	1 天	0.0	0.95	0.0	0.05

附表 9　数据损失的条件概率

	服务器失败	否			是		
	系统应用程序失败	应用系统崩溃	应用系统锁住	应用系统完好	应用系统崩溃	应用系统锁住	应用系统完好
数据损失	0%	0.5	0.8	1.0	0.5	0.1	0.25
	50%	0.5	0.2	0.0	0.5	0.1	0.25
	100%	0.0	0.0	0.0	0.0	0.8	0.5

附表 10　服务滞后的条件概率

	备用系统	低		高	
	高兼容性服务	不是	是	不是	是
服务滞后	0 天	0	0	0	0.5
	0.5 天	0	0.1	0.2	0.5
	1 天	1	0.9	0.8	0

附表 11　　　　　　　　　　操作风险损失的条件概率

		0%									50%									100%								
		0 天			0.5 天			1 天			0 天			0.5 天			1 天			0 天			0.5 天			1 天		
	指数损失	0 天	0.5 天	1 天	0 天	0.5 天	1 天	0 天	0.5 天	1 天	0 天	0.5 天	1 天	0 天	0.5 天	1 天	0 天	0.5 天	1 天	0 天	0.5 天	1 天	0 天	0.5 天	1 天	0 天	0.5 天	1 天
	交易滞后	1	0	0	0.6	0	0	0.6	0	0	0.6	0	0	0.3	0	0	0.3	0	0	0.4	0	0	0.2	0	0	0	0	0
操作风险损失	50 万元	0	0.5	0.1	0.3	0.5	0	0.4	0.4	0	0.4	0.5	0	0.3	0.3	0	0.2	0.3	0	0.4	0.4	0	0.2	0.2	0	0.1	0	0
	100 万元	0	0.4	0.2	0.1	0.3	0.2	0	0.3	0.1	0	0.4	0.1	0.2	0.3	0.1	0.2	0.2	0	0.2	0.3	0	0.3	0.2	0	0.2	0.2	0
	150 万元	0	0.1	0.3	0	0.2	0.4	0	0.2	0.2	0	0.1	0.3	0.2	0.2	0.2	0.2	0.2	0.1	0	0.2	0.3	0.2	0.3	0.2	0.3	0.3	0
	200 万元	0	0	0.2	0	0	0.2	0	0.1	0.4	0	0	0.4	0	0.2	0.4	0.1	0.2	0.4	0	0.1	0.4	0.1	0.2	0.4	0.2	0.3	0.2
	250 万元	0	0	0.2	0	0	0.2	0	0	0.3	0	0	0.2	0	0	0.3	0	0.1	0.5	0	0	0.3	0	0.1	0.4	0.2	0.2	0.8

附录二　银行在线业务的各种情形风险

情形一：给定系统应用程序失败条件下的操作风险损失情形

		cost					
		0.0m	0.5m	1.0m	1.5m	2.0m	2.5m
application failure	app	0.061	0.12	0.129	0.219	0.252	0.219
	lockup	0.066	0.124	0.136	0.217	0.239	0.217
	ok	0.075	0.131	0.143	0.198	0.225	0.227

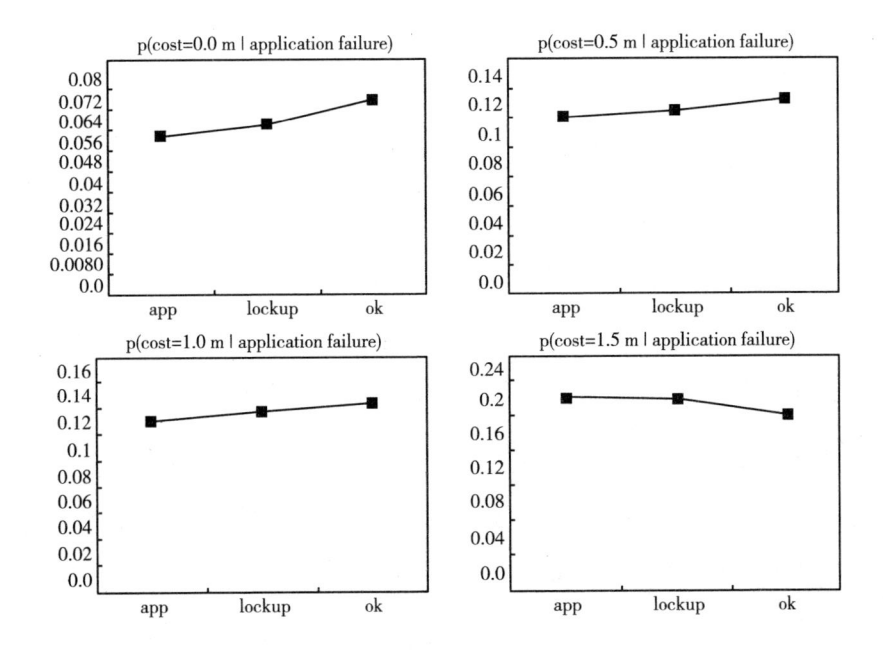

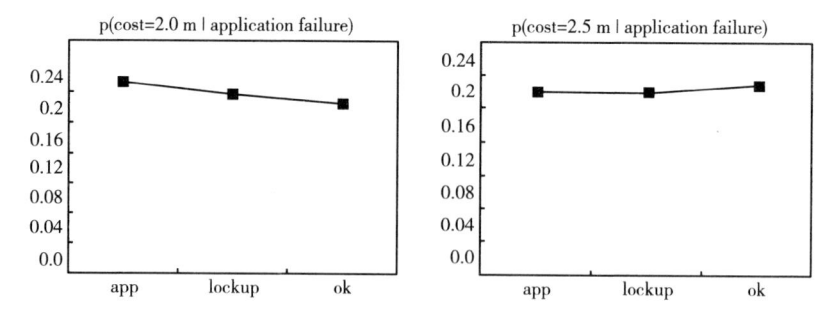

情形二：给定交易密钥管理条件下的操作风险损失情形

		cost					
		0.0m	0.5m	1.0m	1.5m	2.0m	2.5m
File access control	low	0.065	0.123	0.133	0.215	0.244	0.219
	high	0.072	0.129	0.14	0.202	0.231	0.226

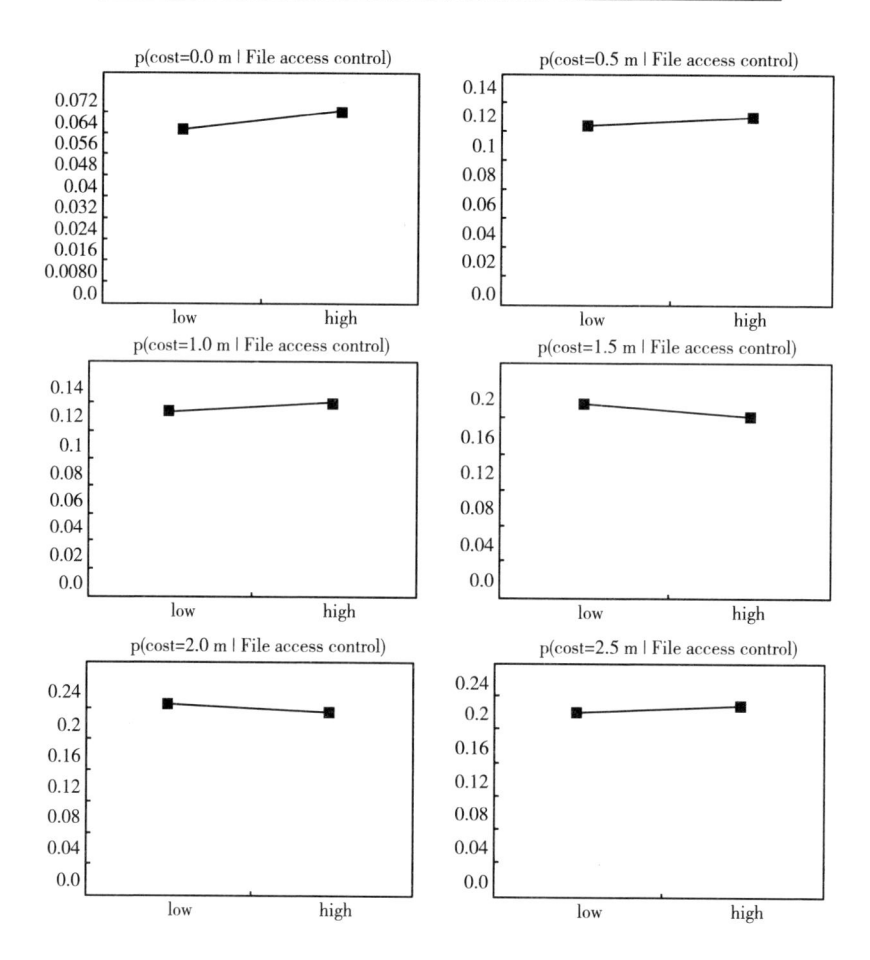

情形三：给定黑客攻击条件下的操作风险损失情形

		cost					
		0.0m	0.5m	1.0m	1.5m	2.0m	2.5m
hack	No	0.072	0.127	0.137	0.195	0.231	0.237
	Yes	0.064	0.124	0.136	0.227	0.246	0.203

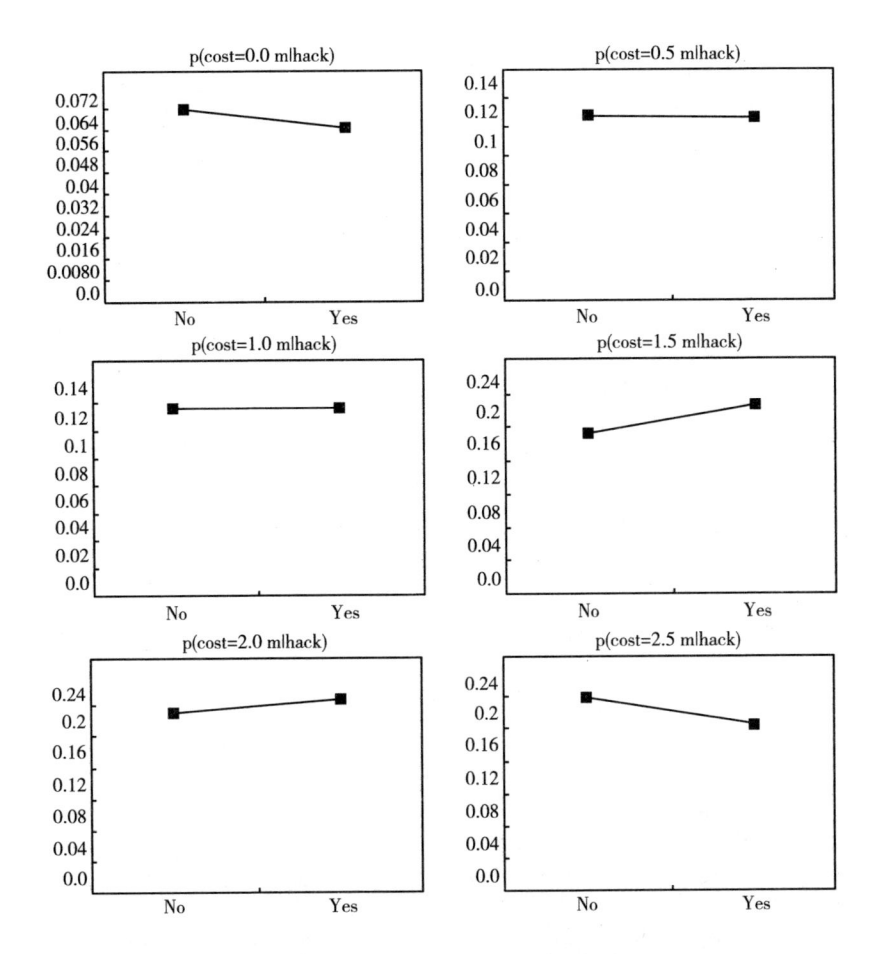

情形四：给定防火墙条件下的操作风险损失情形

		cost					
		0.0m	0.5m	1.0m	1.5m	2.0m	2.5m
fire	PF	0.068	0.126	0.137	0.213	0.239	0.218
	AP	0.069	0.126	0.136	0.205	0.236	0.228

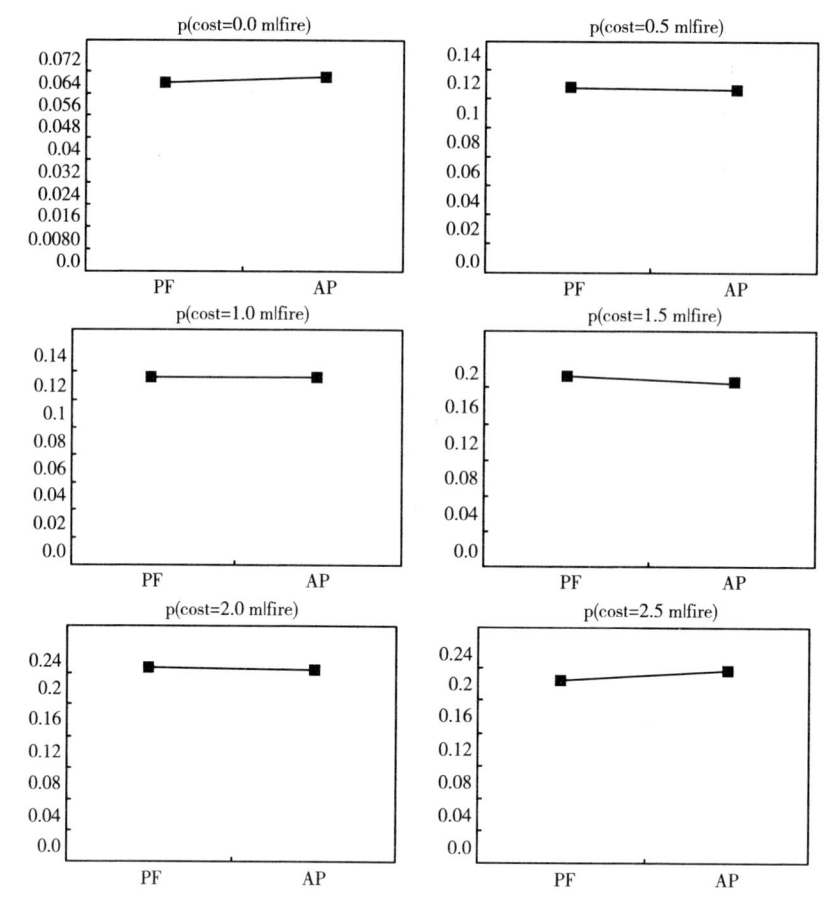

情形五：给定用户权限条件下操作风险损失情形

		cost					
		0.0m	0.5m	1.0m	1.5m	2.0m	2.5m
power	No	0.069	0.126	0.137	0.209	0.237	0.223
surge	Yes	0.069	0.126	0.137	0.209	0.237	0.223

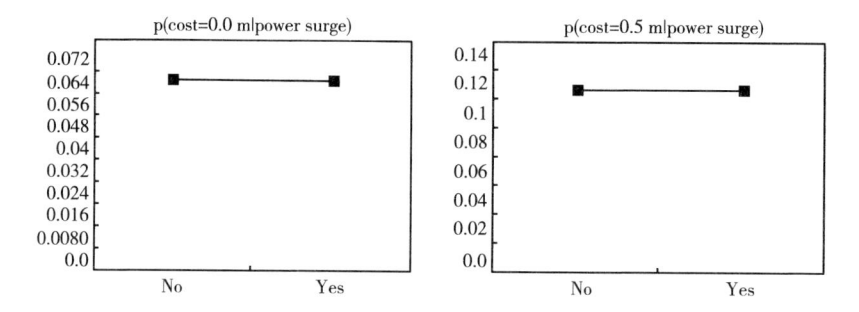

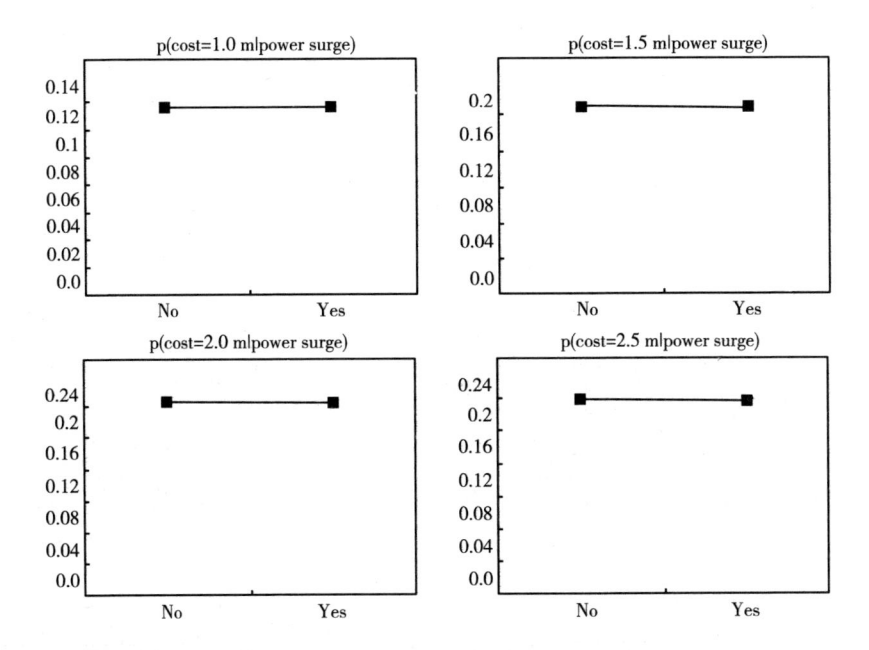

p(cost=1.0 m|power surge)

p(cost=1.5 m|power surge)

p(cost=2.0 m|power surge)

p(cost=2.5 m|power surge)

情形六：给定黑客攻击条件下的操作风险损失情形

		cost					
		0.0m	0.5m	1.0m	1.5m	2.0m	2.5m
Virus attack	No	0.071	0.128	0.139	0.206	0.233	0.223
	Yes	0.065	0.123	0.133	0.213	0.244	0.222

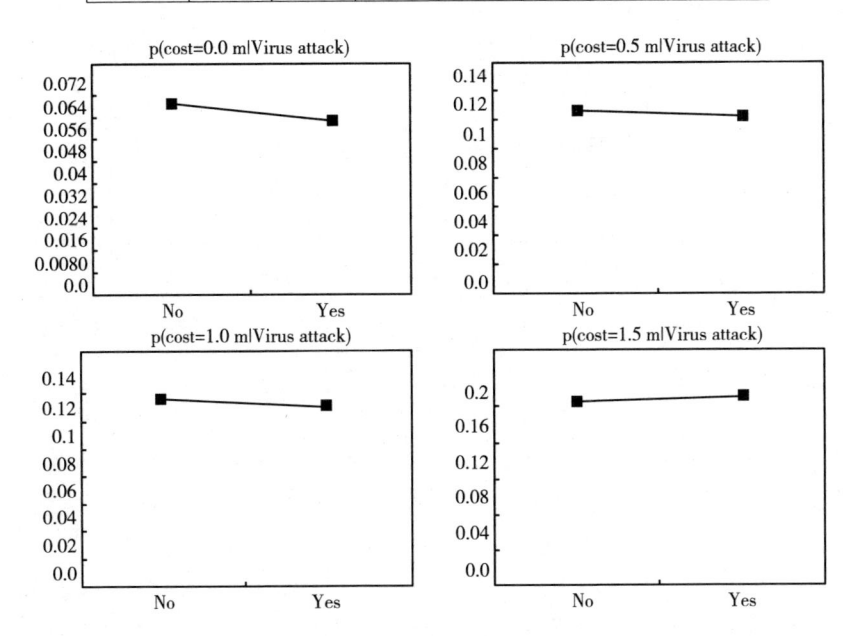

p(cost=0.0 m|Virus attack)

p(cost=0.5 m|Virus attack)

p(cost=1.0 m|Virus attack)

p(cost=1.5 m|Virus attack)

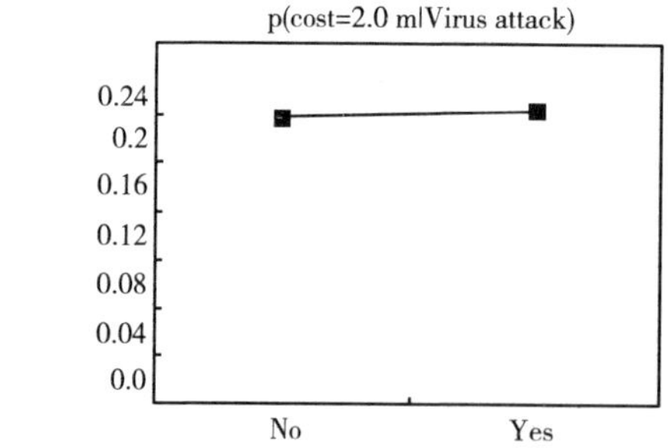
p(cost=2.0 m|Virus attack)
0.24
0.2
0.16
0.12
0.08
0.04
0.0
No
Yes

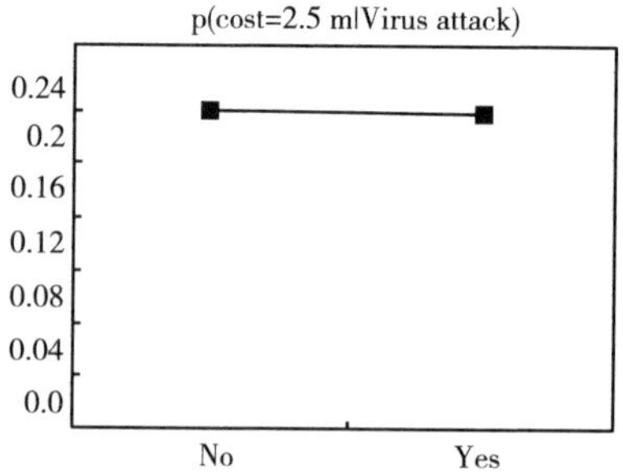
p(cost=2.5 m|Virus attack)
0.24
0.2
0.16
0.12
0.08
0.04
0.0
No
Yes

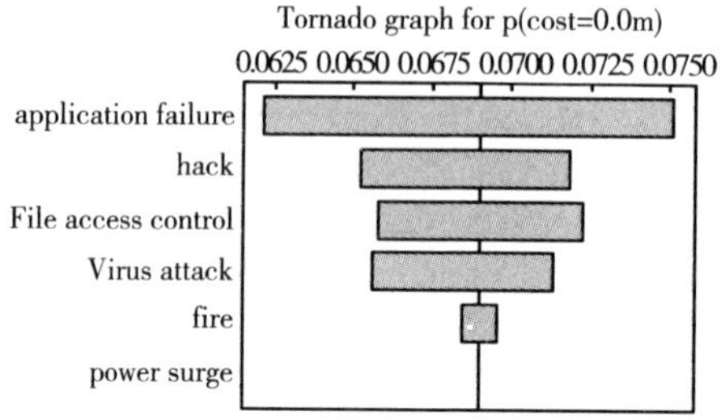
Tornado graph for p(cost=0.0m)
0.0625 0.0650 0.0675 0.0700 0.0725 0.0750
application failure
hack
File access control
Virus attack
fire
power surge

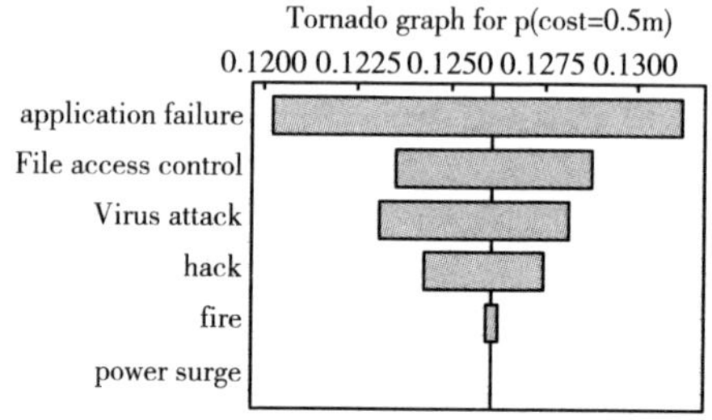
Tornado graph for p(cost=0.5m)
0.1200 0.1225 0.1250 0.1275 0.1300
application failure
File access control
Virus attack
hack
fire
power surge

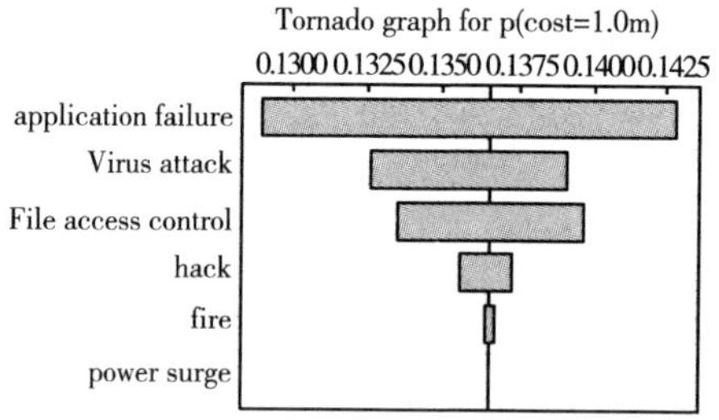
Tornado graph for p(cost=1.0m)
0.1300 0.1325 0.1350 0.1375 0.1400 0.1425
application failure
Virus attack
File access control
hack
fire
power surge

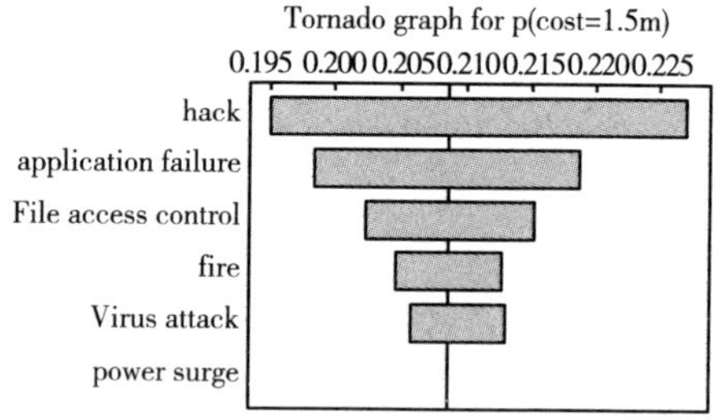
Tornado graph for p(cost=1.5m)
0.195 0.200 0.205 0.210 0.215 0.220 0.225
hack
application failure
File access control
fire
Virus attack
power surge

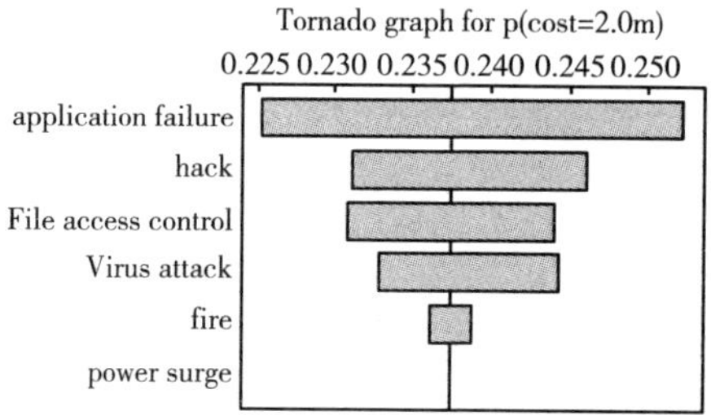
Tornado graph for p(cost=2.0m)
0.225 0.230 0.235 0.240 0.245 0.250
application failure
hack
File access control
Virus attack
fire
power surge

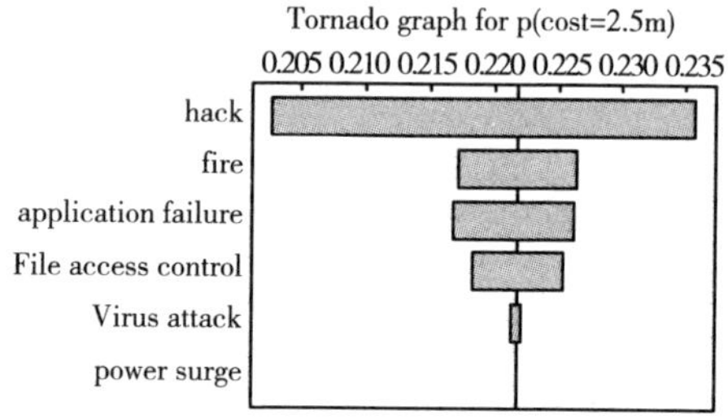
Tornado graph for p(cost=2.5m)
0.205 0.210 0.215 0.220 0.225 0.230 0.235
hack
fire
application failure
File access control
Virus attack
power surge

参考文献

[1] 巴曙松. 巴塞尔新资本协议框架下的操作风险衡量与资本金约束 [J]. 经济理论与经济管理, 2003, (2): 17-24.

[2] 陈倩. 基于截断数据的操作风险分段损失分布模型及应用 [J]. 系统管理学报, 2019 (9): 908-916.

[3] 陈学华, 杨辉耀, 黄向阳. POT模型在商业银行操作风险度量中的应用 [J]. 管理科学, 2003 (2): 49-52.

[4] 樊旭, 杨晓光. 从媒体报道看我国银行业操作风险状况 [J]. 管理评论, 2003 (11): 43-47.

[5] 李志辉. 商业银行操作风险损失数据分析 [J]. 国际金融研究, 2005 (12): 55-61.

[6] 刘睿, 詹原瑞, 刘家鹏. 基于贝叶斯MCMC的POT模型——低频高损失的操作风险度量 [J]. 管理科学, 2007 (3): 76-83.

[7] 苗永旺, 王亮亮. 金融系统性风险与宏观审慎监管研究 [J]. 国际金融研究, 2010 (8): 59-68.

[8] 潘再见, 陈振. 商业银行操作风险管理：亚太经验及其对中国的启示 [J]. 国际金融研究, 2010 (4): 69.

[9] 钱艺平. VaR约束的商业银行风险管理研究 [D]. 长沙：中南大学, 2009.

[10] 史道济. 实用极值统计方法 [M]. 天津：天津科学技术出版社, 2006: 2-76.

[11] 宋加山. 基于极值理论的我国商业银行操作风险度量 [D]. 合肥：中国科学技术大学, 博士论文, 2008: 50-56.

[12] 汪冬华, 徐驰. 基于非参数方法的银行操作风险度量 [J]. 管理

科学学报, 2015 (3): 104-113.

[13] 王萍. 我国商业银行操作风险度量实证研究——基于收入模型和上市银行数据 [D]. 北京: 对外经济贸易大学, 2019.

[14] 王振中. 建立适合中国的宏观审慎监管机制 [J]. 中国金融, 2010 (13): 35-36.

[15] 杨国梁. 国内外商业银行操作风险管理实践探讨 [J]. 国际金融研究, 2007 (12): 29-36.

[16] 银监会. 商业银行信用卡业务监督管理办法 [EB/OL]. http://www.cbrc.gov.cn/chinese/home/docView/201101270EA129C5A25C11E3FF0378852B762700.html.

[17] 银监会. 《商业银行资本管理办法》公开征求意见 [EB/OL]. http://www.cbrc.gov.cn/chinese/home/docView/20110815B09087394C379761FF4A2DBD2B9F6600.html.

[18] 银监会. 中国银监会关于中国银行业实施新监管标准的指导意见 [EB/OL]. http://www.cbrc.gov.cn/chinese/home/docView/2011050361A1A6D30A626FD7FFC4A1780E59B300.html.

[19] 银监会. 中国银行业监督管理委员会关于修改〈金融机构衍生产品交易业务管理暂行办法〉的决定 [EB/OL]. http://www.cbrc.gov.cn/chinese/home/docView/20110127ADCC62A7176EE8A7FF4FA9857F80B400.html.

[20] 袁德磊, 赵定涛. 基于媒体报道的国内银行业操作风险损失分布研究 [J]. 国际金融研究, 2007 (2): 22-29.

[21] 张吉光. 商业银行操作风险识别与管理 [M]. 北京: 中国财政经济出版社, 2008.

[22] 赵先信. 银行内部模型和监管模型——风险计量与资本分配 [M]. 上海: 上海人民出版社, 2004: 395-397.

[23] 中国银监会. 商业银行操作风险管理指引. 2007-5-14.

[24] 中国银监会. 商业银行内部控制指引. 2006-12-8.

[25] 钟伟, 沈闻一. 新巴塞尔协议操作风险的损失分布法框架 [J]. 上海金融, 2004 (7): 23-26.

[26] 钟伟, 沈闻一. 新巴塞尔协议和操作风险监管原则 [J]. 财贸经

济, 2004 (12): 13 – 19.

[27] 钟伟, 王元. 略论新巴塞尔协议的操作风险管理框架 [J]. 国际金融研究, 2004 (4): 44 – 51.

[28] 钟伟. 新巴塞尔协议与全面的风险管理 [EB/OL]. www.pinggu.org, 2008.

[29] Bank of Russia. Banking Supervision Report 2018.

[30] Barrell R, Davis E P, Karim D, Liadze I. Calibrating Macroprudential Policy. April 2010. http://www.niesr.ac.uk/pubs/searchdetail.php?PublicationID = 2854.

[31] Böcker K. Modelling and Measuring Multivariate Operational Risk with Lévy copulas [J]. The Journal of Operational Risk, 2008, 3 (2): 3 – 27.

[32] Beirlan J, Geogebeur Y, Teugels J. Statistics of Extremes Theory and Applications [M]. John Wiley & Sons, Ltd, 2004: 1 – 452.

[33] Bernardo J M, Smith F M. Bayesian Theory [M]. John Wiley & Sons, 1994: 353 – 356.

[34] BIS. Consultative Document: Operational risk. 2001a, www.bis.org.

[35] BIS. Consultative Document: Operational Risk-Supervisory Guidelines for the Advanced Measurement Approaches. 2010a, www.bis.org.

[36] BIS. Consultative Document: Sound Practices for the Management and Supervision of Operational Risk. 2010b, www.bis.org.

[37] BIS. International Convergenceof Capital Measurementand Capital Standards: A Revised FrameworkComprehensive Version. 2006, www.bis.org.

[38] BIS. Macroprudential Policy Tools and Frameworks. Februrary 2011.

[39] BIS. Marrying the Macro-and Microprudential Dimensions of Financial Stability. BIS Papers, No 1, March 2001. www.bis.org.

[40] BIS. The New Basel III Framework: Implications for Banking Organizations. Financial Institutions Advisory & Financial Regulatory, 2011.

[41] BIS. Working Paper on the Regulatory Treatment of Operational Risk. 2001b, www.bis.org.

[42] Borio C, Drehman M. Towards an Operational Framework for Financial

Stability: 'fuzzy' Measurement and Its Consequences. BIS Working Papers, No 284, June, 2009a.

[43] Borio C. Implementing the Macroprudential Approach to Financial Regulation and Supervision. Banque de France Financial Stability Review, No. 13, September, 2009.

[44] Borio C. Towards a Macroprudential Framework for Financial Supervision and Regulation? BIS Working Paper, No. 128, February, 2003.

[45] Borio C, Zhu H. Capital Regulation, Risk-Taking and Monetary Policy: A Missing Link in the Transmission Mechanism? BIS Working Paper, No. 268, 2008.

[46] Bortkiewicz L. Variationsbreite and Mittlerer Fehler [J]. Sitzungsber. Berli. Math. Ges, 1922, 21: 3 – 11.

[47] Brouwer H. Challenges in the Design of Macroprudential Tools. Introductory Speech at the Workshop on "Concrete macropudential tools" hosted by DNB, the IMF and the Duisenberg School of Finance, Amsterdam, 13 January 2010.

[48] Brunnermeier M, Sannikov Y. A Macroeconomic Model with a Financial Sector [M]. Mimeo, Princeton University, 2009.

[49] Carol A. Operational risk: Regulation, Analysis and Management [M]. Prentice Hall, 2003: 1 – 264.

[50] Caruana J. Basel Ⅲ: Towards a Safer Financial System, 2010. http://www.bis.org.

[51] Caruana J. The International Policy Response to Financial Crises: Making the Macroprudential Approach Operational. Aug, 2009. www.bis.org.

[52] Castillo E. Extreme Value Theory in Engineering [M]. Academic Press, Inc, 1988.

[53] Chapelle A, Crame Y, Hubner G, Peters J. P. Measuring and Managing Operational Risk in the Financial Sector: An Integrated Framework [J]. Ssrn Electronic Journal. 2005, 4: 51 – 53.

[54] Chapelle A, Crame Y, Hubner G, Peters J. P. Practical Methods for Measuring and Managing Operational Risk in the Financial Sector: A Clinical Study [J]. Journal of Banking & Finance, 2008, 32: 1049 – 1061.

[55] Chernobai A S, Svetlozar T, Fabozzi F J. Operational risk: A Guide to Basel Ⅱ Capital Requirements, Models, and Analysis [M]. John Wiley & Sons, Inc. 2007: 1 – 175.

[56] Choulakian V, Stephens M A. Goodness-of-Fit tests for the Generalized Pareto Distribution [J]. Technomertics, 2001, 43 (4): 478 – 484.

[57] Clement P. The Term "Macroprudential" Origins and Evolution [J]. BIS Quarterly Review, March 2010.

[58] Coleman R. A VaR too far ? The Pricing of Operational Risk [J]. Journal of Financial Transformation, 2010, 28: 123 – 129.

[59] Coles S. An Introduction to Statistical Modeling of Extreme Value [M]. Springer, 2001: 45 – 173.

[60] Coles S G, Dixon M J. Likelihood-Based Inference for Extreme Value Models [J]. Extremes, 1999, 2 (1): 5 – 13.

[61] Cowell R G, Verrall R J, Yoon Y K. Modeling operational risk with Bayesian network [J]. The Journal of Risk and Insurance, 2007, 74 (4): 795 – 827.

[62] CRD IV: The European Response to Basel Ⅲ and the Impact on Tier 1 and Tier 2 Bank Capital.

[63] Cruz, Marcelo G. Modeling, Measuring and Hedging Operational Risk [M]. John Wiley & Sons, 2002: 1 – 178.

[64] Degen M, Embrechts P, Lambrigger D. The Quantitative Modeling of Operational Risk: Between g-and-h and EVT [J]. ASTIN Bulletin, 2007, 37 (2): 265 – 291.

[65] Degen M. The Calculation of Minimum Regulatory Capital Using Single-Loss Approximations. September 29, 2010.

[66] Demoulin C V. Embrechts Paul, Hofert, Marius. An Extreme Value Approach for Modeling Operational Risk Losses Depending on Covariates [J]. Journal of Risk and Insurance. 2015: 83 – 124.

[67] Demoulin C V, Embrechts P, Nešlehová J. Quantitative Models for Operational Risk: Extremes, Dependence and Aggregation [J]. Journal of Banking &

Finance, 2006, 30 (10): 2635-2658.

[68] Deutsche Bank. 2005 Annual Report, 2005, p45.

[69] Dutta K, Perry J. A Tale of Tails: An Empirical Analysis of Loss Distribution Models for Estimating Operational Risk Capital [R]. Federal Reserve Bank of Boston, Working Paper, No 06-13, 2008.

[70] Embrechts P. Copulas: A Personal View [J]. Journal of Risk and Insurance, 2009, 76: 639-650.

[71] Embrechts P, Höing A, Juri A. Using Copulae to Bound the Value-at-Risk for Functions of Dependent Risks [J]. Finance & Stochastics, 2003, 7 (12): 145-167.

[72] Embrechts P, Klüppelberg C, Mikosch T. Modelling Extreme Events for Insurance and Finance [M]. Springer-Verlag Berlin Heidelberg, New York, 1997: 1-275.

[73] Embrechts P. Mizgier Kamil, Chen Xian. Modeling Operational Risk Depending on Covariates. An Empirical Investigation. Journal of Operational Risk [J]. 2018 (13): 17-46.

[74] Eubanks W W. The Status of the Basel Ⅲ Capital Adequacy Accord. Congressional Research Service 7-5700, Oct. 28, 2010.

[75] European Commission. On Prudential Requirements for Credit Institutions and Investment Firms Part I. Proposal for a regulation of the European farliament and of the council, July 2011.

[76] Fantzaaini D. Dynamic Copula Modelling for Value at Risk [J]. Social Science Electronic Publishing, 2010, 5 (2): 72-108.

[77] Fantzaaini D. Value at Risk for High-Dimensional Portfolios: A Dynamic Grouped-T Copula Approach. The Var Implementation Handbook [M]. McGraw-Hill, 2009: 253-282.

[78] Fisher R A, Tippett L H C. Limiting Forms of the Frequency Distribution of the Largest or Smallest Member of a Sample [M]. Procs Cambridge Philos. Soc, 1928: 180-190.

[79] Gabriela V A, Olteanu A C. The Operational Risk-Minimum Capital

Requirements, 2009, 7: 29 -58.

[80] Galambos J, Lechner J, Simiu E. Extreme Value Theory and Applications. Proceedings of the Conference on Extreme Value Theory and Applications, Gaitherburg, Maryland, 1993.

[81] Galati G, Moessner R. Macroprudential Policy – a Literature Review [R]. BIS Working Papers, February, 2011.

[82] Gebhard P, Müller G, Böcker K. Bayesian Estimation of Lévy Copulas for Multivariate operational Risks. In: Böcker, K. (Ed) Rethinking Risk Measurement and Reporting: Uncertainty, Bayesian Analysis and Expert Judgement, Vol. II [M]. Risk Books, London, June, 2010: 439 -463.

[83] Gourier E, Farkas W, Abbate D. Operational Risk Quantification using Extreme Value Theory and Copulas: From Theory to Practice [J]. The Jorunal of Operational Risk, 2009, 4 (3): 1 -24.

[84] Greenwood J A, Wallis J R. Probability Weighted Moments: Definition and Relation to Parameters of Several Distributions Expressable in Inverse Form [J]. Water Resources Research, 1979, 15 (5): 1049 -1054.

[85] Hannoun H. Towards a Global Financial Stability Framework. Speech at the 45th SEACEN Governors' Conference, Siem Reap province, Cambodia, 26 -27 February 2010.

[86] Haubenstock M. The Operational Risk Management Framework [M]. Pearson Education, 2003: 241 -261.

[87] Hosking J R M, Wallis J R. Parameter and Quantile Estimation for the Generalized Pareto Distribution [J]. Technometrics, 1987, 29: 339 -349.

[88] Hosking J R M, Wallis J R, Wood E F. Estimation of the Generalized Extreme-Value Distribution by the Method of Probability Weighted Moments [J]. Technomertics, 1985, 27 (3): 251 -261.

[89] Jorion P. Value-at-Risk: The New Benchmark for Managing Financial Risk [M]. McGraw-Hill, New York, 2000: 1 -200.

[90] Kabir K. Dutta, Babbel D F. Scenario Analysis in the Measurement of Operational Risk Capital: A Change of Measure Approach [J]. Journal of Risk &

Insurance, 2013, 81 (2): 303 - 334.

[91] Kabir K. Dutta, Babbel D F. Scenario Analysis in the Measurement of Operational Risk Capital: A Change of Measure Approach [J]. Journal of Risk & Insurance, 2013, 81 (2): 303 - 334.

[92] King J L. Operational Risk: Measurement and Modelling [M]. John Wiely &Sons, New York, 2001: 1 - 200.

[93] Kohn D. Policy Challenges for the Federal Reserve. Speech at the Kellogg Distinguished Lecture Series, Kellogg School of Management, Northwestern University, Evanston, Illinois, 16 November 2009.

[94] Kotz S, Nadarajah S. Extreme Value Distributions [M]. Imperial College Press, 2000: 1 - 93.

[95] KPMG. Basel II in the Asia Pacific Banking Sector Survey 2008 [EB/OL]. Working Paper, http://www.kpmg.com, 2009 - 8 - 15.

[96] Landwehr J M, Matalas N C, Wallis J R. Probability Weighted Moments Compared with Some Traditonal Techniques in Estimating Gumbel Parameters and Quantiles [J]. Water Resources Research, 1979, 15: 1055 - 1064.

[97] Luceño A. Fitting the Generalized Pareto Distribution to Data Using Maximum Goodness-of-fit Estimators [J]. Computational Statistics& Data Analysis, 2006, 51: 904 - 917.

[98] McNeil A. J. Extreme Value Theory for Risk Managers. 1999: 283 - 358.

[99] McNeil A J, Saladin T. The Peaks over Thresholds Method for Estimating High Quantiles of Loss Distributions [J]. In Proceedings of XXVII International ASTIN Colloquium, 2008: 23 - 43.

[100] Medova E A. Bayesian Analysis and Markov Chain Monte Carlo Simulation [R]. Working Paper, 2007.

[101] Medova E A. Operational Risk Measures and Bayesian Simulation Methods for Capital Allocation. Working Paper 27/99, Judge Institute of Management Studies, University of Cambridge, 1999.

[102] Medova E A, Pia E K, Yuen B. Banking Capital and Operational

Risks: Comparative Analysis of Regulatory Approaches for a Bank [J]. Journal of Financial Transformation, 2009, 26: 85 - 96.

[103] Milne A. Macro-prudential Policy: An Assessment. CESifo DICE Report, 2010.

[104] Mises R. Uber Die Variationsbreite Einer Beobachtungsreihe [J]. Sitzungsber Berlin Math Ges, 1923, 22: 3 - 8.

[105] Moscadelli M. The Modelling of Operational Risk: Experiences with the Analysis of the Data Collected by the Basel Committee [R]. Bank of Italy, Working Paper, No. 517, 2004.

[106] Neil M, Fenton N, Tailor M. Using Bayesian Networks to Model Expected and Unexpected Operational Loss [J]. Risk Analysis, 2005, 25 (4): 1 - 10.

[107] Neil M, Marquez D, Fenton N. Using Bayesian Networks to Model the Operational Risk to Information Technology Infrastructure in Financial Instittions [J]. Journal of Financial Transformation, 2008, 22: 131 - 138.

[108] Nijathaworn B. Rethinking procyclicality-What is it now and What Can Be Done? . Presentation by Mr Bandid Nijathaworn, Deputy Governor of the Bank of Thailand, at the BIS/FSI-EMEAP High Level Meeting on "Lessons Learned from the Financial Crisis-An International and Aaian Perspective ", Tokyo, 30 November 2009.

[109] Ognjen Vukovic. Operational Risk Modelling in Insurance and Banking [J]. Journal of Financial Risk Management [J]. 2015 (4): 111 - 123.

[110] Olsen M. Banking Supervision European Experence and Russian Practice. Central Bank of the Russian Federation, September, 2005.

[111] Peng L, Welsh A H. Robust Estimation of the Generalized Pareto Distribution [J]. Extremes, 2001, 4 (1): 53 - 65.

[112] Perotti E, Suarez J. Liquidity Risk Charges as a Macroprudential Tool. Mimeo, University of Amsterdam, October, 2009. https://voxeu.org/article/liquidity-risk-charges-macro-prudential-tool.

[113] Peters G W, Sisson S A. Bayesian inference, Monte Carlo Sampling

and Operational Risk [J]. Journal of Operational risk, 2006, 1 (3): 27 - 50.

[114] Pickands J. Statistical Inference Using Extreme Order Statistics [J]. Ann Statist, 1975, 3: 119 - 131.

[115] Reiss R D, Thomas M. Statistical Analysis of Extreme Values [J]. Technometrics, 2011, 44 (3): 295 - 296.

[116] Shevchenko P V. Calculation of Aggregate Loss Distributions [J]. The Journal of Operational Risk, 2010, 5 (2): .3 - 40.

[117] Shirakawa M. Macrroprudence and the Central Bank. Speech by Mr Masaaki Shirakawa, Governor of the Bank of Japan, at the Seminar of Securities Analysts Association of Japan, Tokyo, 22 December, 2009.

[118] Smaghi B L. Macro-prudential Supervision. Speech at the CEPR/ESI 13th Annual Conf. on "Fin. l Supervision in an Uncertain World". European Banking Center at Venice Intern. University, Venice, Sept., 2009.

[119] Smith R L. Bayesian and Frequentist Approaches to Parametric Predictive Insurance. J. M Bernado, J. O. Berger, A. Dawid, A. F. M. Smith (eds.) Bayesian Statistics 6 [M]. Oxford University Press, 1997: 589 - 612.

[120] Smith R L. Estimating Tails of Probability Distributions [J]. The Annals of Statistics, 1987, 15: 1174 - 1207.

[121] The Senate and House of Representatonve of United States of American. One Hundred Eleventh Congress of the United States of American. Dodd-Frank Wall Street Reform and Consumer Protection Act. Obama signed on July 21, 2010.

[122] Tippett L H C. On the Extreme Individuals and the Ranges of Samples Taken from a Normal Population [J]. Biometrika, 1925, 17: 364 - 387.

[123] Valle L D, Fantazzini D, Giudici P. Copulae and Operational Risk [J]. Internaltional Journal of Risk Assessment and Management, Forthcoming, 2006, 9 (3): 1 - 17.

[124] Willian A. Allen, Geoffrey Wood. Defining and Achieving Financial Stability [J]. Journal of Financial Stability, 2007, 2 (2): 152 - 172.